Afrontando el duelo y la pérdida

Una guía práctica que te ayudará a superar el duelo por la pérdida de un ser querido

Santiago Espinosa de la Torre

Publicaciones Concisas

Dedicado a mi familia y a todas las personas que me brindaron su apoyo incondicional en los momentos en los que más lo necesitaba.

Sobre mí

Mi nombre es Santiago y soy un terapeuta, psicoterapeuta e hipnoterapeuta certificado. Trabajo en el sector privado como profesional de la salud mental. El duelo es una de mis especialidades.

Mi historia

Mi historia de duelo comenzó en la niñez cuando perdí a dos amigos de la escuela que murieron por accidente al inhalar un solvente. Ambos tenían 12 años. Perdí a otro amigo, que fue atropellado por un conductor ebrio. Tenía tan solo 14 años.

A medida que fuí creciendo, sufrí más pérdidas. Un amigo íntimo murió de un linfoma de Hodgkin a los 22 años, también, perdí a otro amigo que se quitó la vida con tan solo 25 años. Con el tiempo, perdí a mis abuelos, el cáncer se llevó a dos tíos y a un buen amigo y la adicción al alcohol se llevó a un cuñado. Asimismo, mi padre tuvo una muerte lenta, prolongada y dolorosa a causa de una parálisis supranuclear progresiva. Además, perdí a mi esposa y a mis dos hijos pequeños en un asesinato.

Lamenté profundamente cada muerte y traté, de alguna manera, de seguir adelante, llevando las profundas heridas emocionales que dejó cada pérdida.

Mi experiencia profesional

Tengo un doble grado en psicología y filosofía, una maestría en filosofía de la mente y diplomas profesionales en psicoterapia, terapia de duelo e hipnoterapia. Durante más de veinte años de práctica profesional, me he especializado en terapia de duelo, ansiedad y depresión, terapia familiar y de parejas y dependencia del alcohol.

Terapia de duelo

A lo largo de los años, he ayudado a personas de todas las edades. Personas que han perdido a sus padres, abuelos, hermanos, tíos, primos, hijos, nietos, amigos cercanos y amigos lejanos. Algunas de estas pérdidas fueron por una enfermedad, otras por accidentes, una adicción, violencia, suicidio o vejez. Algunas muertes fueron repentinas e inesperadas, mientras que otras fueron esperadas. A pesar de haber experimentado más dolor del que me corresponde, he aprendido bastante de otras personas que compartieron su dolor y angustia conmigo mientras trabajaba con ellos, para poder controlar las emociones devastadoras que trae el duelo y la pérdida.

¿Por qué escribir un libro?

Con demasiada frecuencia, veo que hay poco apoyo disponible para las personas afectadas por la muerte de un ser querido. Una vez que se ha emitido el certificado de defunción, el funeral termina y los amigos y la familia regresan a sus vidas, se espera que los dolientes continúen con su vida. Pero, ¿cómo se puede continuar con una rutina diaria tras una pérdida? ¿Qué ocurre si la vida ya no tiene sentido ni propósito porque tu amada pareja ha fallecido? ¿Qué pasa si ahora el trabajo parece completamente inútil, ya que tu hija murió recientemente en un accidente automovilístico, o si tu hijo se quitó la vida?

La terrible realidad para muchas personas en duelo, es que no hay nadie con quien hablar sobre los sentimientos que genera la pérdida en los dolientes, los cuales, si no se resuelven, pueden causar graves problemas de salud.

Al trabajar con personas en duelo, descubrí que ayuda mucho si entienden qué es, por qué ocurre, qué podemos esperar al estar en este proceso y qué podemos hacer para mitigar sus efectos. Además, es importante reconocer que nuestras reacciones ante la pérdida son "normales" y ayuda si podemos aclarar el significado de nuestros sentimientos. Con ese fin, escribí este libro, para incluir lo que yo considero lo más importante para las personas que han perdido a un ser querido.

Por último, me gustaría aclarar que soy un psicoterapeuta, no un escritor, así que espero sinceramente tener éxito en este intento.

Contenido

Introducción

La pérdida de un ser querido es una de las vivencias más difíciles y angustiosas que se pueden tener.

Actualmente, en nuestra sociedad no se suele hablar sobre la muerte, ya que es una ocurrencia que no solemos ver, a diferencia de nuestros antepasados, cuya esperanza de vida era mucho menor y para quienes la muerte era un hecho más común.

Gracias a los avances de la medicina moderna, la muerte ocurre con menos frecuencia, también suele ocurrir más tarde en nuestras vidas. En consecuencia, nos sentimos inseguros sobre cómo reaccionar cuando sufrimos una pérdida.

Sin embargo, lamentablemente, todos tendremos que afrontar la pérdida de un ser querido en un momento de nuestras vidas.

El duelo provocará respuestas emocionales, físicas, conductuales, sociales y espirituales similares, tanto si se trata de la pérdida de un padre, un hermano, un cónyuge, un amigo o un colega, una mascota, como de la desgarradora pérdida de un hijo.

A pesar de las respuestas similares que el duelo genera, ninguna persona sentirá el mismo dolor exactamente de la misma manera o con la misma intensidad que otra. También, es preocupante la falta de servicios de apoyo profesional para ayudar a los dolientes en este momento tan difícil, los cuales les pueda ayudar a procesar su dolor, aceptar su pérdida y reconstruir sus vidas.

Asimismo, siempre hay tópicos y clichés que pueden producir más dolor y sufrimiento. Si encuentras apoyo en la familia y los amigos, a menudo te darás cuenta de que intentarán arreglarte. Sin embargo, no necesitas que te arreglen. Lo que necesitas es un mayor entendimiento del duelo, de lo que te está ocurriendo y qué puedes hacer para sobrellevarlo.

Esta guía práctica tiene el objetivo de proporcionarte información que te ayudará a comprender lo que te está sucediendo y qué puedes hacer para afrontarlo. Además, las personas que quieran saber más sobre el duelo y cómo ayudar a otra persona a afrontarlo pueden usar esta guía.

En este libro veremos el impacto que tiene el duelo sobre nuestro cuerpo, por otra parte, veremos cómo responde.

Por último, tras leer este libro, conocerás estrategias eficaces y probadas que te ayudarán a afrontar la pérdida y a empezar a reconstruir tu vida para que vuelvas a disfrutar de ella.

¿Qué es el duelo?

El duelo es una reacción natural e involuntaria que sufrimos cuando ocurre una pérdida de cualquier tipo. Abarca una gran variedad de emociones distintas. Puedes sentir: dolor, ira, amargura, ira, soledad, arrepentimiento, alivio... Las emociones que sentirás y su intensidad dependen mucho de cómo ocurrió el fallecimiento y de quién se ha perdido.

Además, se puede describir el duelo como el tiempo que pasamos en un estado de aflicción cuando sufrimos una pérdida.

Suele ser un proceso largo, complejo e intenso, el cual nos golpea con mucha fuerza al principio, y que después va y viene en oleadas, el cual llegará a una especie de resolución.

Por lo general, se aprende a vivir con él. Cambiará tu identidad personal y tus relaciones interpersonales.

Freud escribió en una carta a su amigo Ludwig Binswanger, cuyo hijo había fallecido:

"Sabemos que el dolor agudo que sentimos después de una pérdida seguirá su curso, pero también permanecerá inconsolable y nunca encontraremos un sustituto. No importa lo que suceda, no importa lo que hagamos, el dolor siempre está ahí. Y así es como debería ser. Es la única forma de perpetuar un amor que no queremos abandonar".

La pérdida puede ser la muerte de un ser querido, la ruptura de un matrimonio, perder un trabajo, la jubilación, tener una enfermedad o la muerte de una mascota muy querida. Independientemente de cual hayas sufrido, si era importante para ti, sentirás dolor. Tampoco tiene una duración fija. Para algunas personas puede durar unas semanas o meses y para otras puede ser un año, dos años o más.

Puede ser muy estresante asistir al funeral de un ser amado, pero permite despedirse y ser testigo de lo sucedido.

A menudo sentimos la necesidad de tener que ver alguna prueba de que una persona ha fallecido, antes de que podamos comenzar el proceso de duelo adecuadamente.

Tampoco es una enfermedad, es una reacción natural a la pérdida, pero puede compararse con una lesión física, provoca una herida mental que necesita tiempo para sanar y recuperarse.

No hay una manera correcta o incorrecta de afligirse

Dependiendo de nuestra personalidad, tendremos una forma distinta de afrontar el duelo. Las personas extrovertidas expresarán sus sentimientos, mientras que las personas introvertidas harán lo contrario. Sin embargo, los demás te incitarán a afrontarlo de la misma manera que ellos.

Finalmente, creo que es importante recalcar las siguientes ideas:

1. Es normal y saludable que sientas y expreses emociones intensas y dolorosas.

2. Expresar el dolor te ayudará a vivir con la pérdida.

3. Es normal sentir una amplia variedad de emociones: conmoción, tristeza, anhelo, soledad, ira, angustia, culpa, desesperación, alivio, esperanza...

4. Aunque te digan que lo es, el duelo no es un proceso lineal.

5. El dolor disminuirá con el tiempo si recibes el apoyo adecuado.

6. Si la intensidad de tus sentimientos no disminuye con el tiempo, o si retienes tu dolor y te resulta difícil expresarlo, podría ser una señal de que necesitas ayuda profesional.

7. Las personas que no han sido capaces de expresar su dolor, por lo general, son más vulnerables a las enfermedades físicas y psicológicas a largo plazo.

¿Qué es el afrontamiento?

Afrontar consiste en intentar superar, adaptarse o resolver nuestros retos y problemas. Pero, desafortunadamente, los dolientes son juzgados por su manera de afrontar el duelo. Se les juzga si no se está de acuerdo con su manera de afrontarlo. Por ejemplo, una persona extrovertida pensará que la forma más correcta de afrontarlo es buscar apoyo y expresar sus sentimientos.

Las personas en duelo son conscientes de que se les está juzgando. Por ejemplo, si lloran, se les podría decir que lloran demasiado, o si no expresan ningún sentimiento, se les puede decir que lo están llevando "demasiado bien", a pesar del dolor interno que puedan estar sufriendo. En las terapias de duelo, a veces se habla sobre las expectativas que tiene la sociedad sobre nuestra forma de afrontar la pérdida.

Mi motivación para escribir este libro fue, en parte, describir qué es realmente el afrontamiento. Francamente, cuando acabamos de perder a un ser querido, estamos afrontando su pérdida con simplemente levantarnos cada día y seguir con nuestra vida. Probablemente lo estás haciendo con el piloto automático, pero, aún así estás logrando hacerlo. Al principio, todos hacemos lo que podemos para sobrevivir a algo tan devastador.

Tampoco ayuda si se comparan a los dolientes. El duelo es una experiencia totalmente subjetiva. No es conveniente decir que una persona está sufriendo más que otra. Solamente podemos sentir nuestro propio dolor. Si tienes un terrible dolor de muelas, será difícil que te consuele saber que otra persona tiene más dolor. Pero, por desgracia, hay muchas personas que van a comparar tu pérdida con la de otras personas.

Por otro lado, las personas suelen ser intolerantes a las reacciones fuertes al dolor. Al cabo de muy poco tiempo, incluso después de una muerte repentina o traumática, te repetirán las mismas frases de siempre: "Vamos, anímate", "Solo te sentirás peor si estás triste", "Tienes que pensar en los niños", "Quizás fue la voluntad de Dios", "Seguramente está en un lugar mejor", "Todavía eres joven, siempre puedes tener otro bebé" y "Puedes casarte de nuevo". Dirán todo lo que se les ocurra para intentar calmar tus sentimientos.

Cuando expresamos nuestros sentimientos, estamos pidiendo ayuda, lo cual puede avergonzar a la gente o hacerles sentir incómodos. Sin embargo, algunos solo quieren que dejes de pedir ayuda porque no saben qué hacer.

Por un lado, si siempre estás angustiado tras lo ocurrido, pueden pensar que no lo estás afrontando "bien" o que te estás enloqueciendo. Incluso, puedes llegar a pensar que esto es cierto. Sin embargo, cuando piensan esto, solo muestran una falta completa de entendimiento del duelo y de lo que ocurre tras una pérdida.

Por otro lado, si tienes una actitud estoica cuando pierdes a un ser querido, te calificarán como fuerte y valiente ante la desgracia, incluso dirán que lo estás afrontando "como todo un campeón". Estas expresiones son ejemplos de cómo se utiliza el lenguaje para impedir la expresión de nuestros sentimientos. Ya que si expresas tus sentimientos de alguna manera, por ejemplo, llorar, pueden pensar que ya no eres tan fuerte.

Comenzaremos el proceso de "superar" el duelo cuando se reconozca y describa nuestra pérdida, y cuando analicemos todas las partes de nuestra vida que fueron cambiadas por este hecho.

3

Las manifestaciones del duelo

El duelo afecta a cada persona de manera distinta. Tu reacción ante la pérdida está determinada, en gran medida, por la relación que tuviste con la persona que has perdido, tu personalidad y las experiencias que has tenido en la vida. Además, tu forma de expresar los sentimientos se ve afectada por la enseñanza que has recibido, las expectativas culturales, la religión, las influencias de tu familia, tu comunidad y por cómo percibes la muerte.

No obstante, hay muchos rasgos que los dolientes comparten, aunque pueden ser preocupantes, son perfectamente normales. El duelo puede manifestarse físicamente, emocionalmente, socialmente, conductualmente y espiritualmente.

Las manifestaciones físicas del duelo pueden ser: llanto, suspiros, dolores de cabeza, dolores de estómago, palpitaciones, trastornos del sueño, bostezos frecuentes, trastornos alimenticios, inquietud, letargo, irritabilidad, dolores y tensión muscular.

También, genera una amplia gama de emociones: añoranza, tristeza, miedo, ansiedad, desesperanza, frustración, arrepentimiento, pánico, ira o culpa. Estas emociones y muchas otras son normales tras una pérdida. Por ejemplo, puedes estar enfadado con Dios por la muerte de tu ser amado, puedes culparte a tí mismo por la muerte o arrepentirte de haber dicho algo.

Incluso puede cambiar la forma en la que nos comportamos, por ejemplo, puede causar pérdida de interés en comer o socializar, irritabilidad, impaciencia o enojo. Otros cambios de comportamiento que causa son: inquietud, no hacer ejercicio, comer demasiado, fumar y consumir bastante cafeína. Estos cambios pueden empeorar aún más los efectos del duelo.

Los cambios sociales derivados de la pérdida suelen ir unidos a los cambios de comportamiento, ya que el hecho de sentirse aislado y de preferir estar a solas crea dificultades para empezar una conversación con otras personas. De igual manera, si sueles disfrutar de la compañía de los demás, puede que ahora te sientas alejado del mundo, apartado de la familia, los amigos y tu comunidad.

Asimismo, modifica las creencias espirituales y religiosas. Puedes empezar a cuestionar tu fe o tus creencias, intentarás comprender el motivo de la pérdida y de tu sufrimiento y hasta querrás conocer el significado de la muerte.

Otras características del duelo son el olvido, la dificultad para concentrarse y el cambio constante de opinión. Ten en cuenta que los cambios y los rasgos mencionados anteriormente son completamente normales y forman parte del proceso de duelo.

Por último, por favor intenta no tomar ninguna decisión importante que pueda cambiar tu vida. Por lo general, se aconseja que durante al menos un año, te abstengas de tomar cualquier decisión importante. Puedes aplazarlas durante un tiempo, ya que puede que no estés en un estado de ánimo óptimo para tomar estas decisiones. Si crees que es necesario, intenta hablar con alguien de confianza, como un amigo cercano o familiar, o incluso, si lo necesitas, puedes buscar asesoramiento profesional.

4

Los altibajos del duelo

Se ha estudiado el duelo durante mucho tiempo, a lo largo de los años, psiquiatras y psicólogos han hablado y entrevistado a cientos de miles de dolientes. Tras estas entrevistas, se ha llegado a la conclusión de que la mayoría de personas en duelo comparten ciertas características.

La primera reacción a la pérdida suele ser: conmoción, incredulidad, confusión, tristeza, anhelo, añoranza, soledad, desesperación, impotencia, culpa, miedo, letargo, angustia, ansiedad, arrepentimiento y remordimiento. También es común experimentar trastornos del sueño, irregularidades en la alimentación, dolencias físicas, ansiedad, ira y depresión.

El duelo implica reorganizarse y adaptarse dolorosamente a un mundo sin nuestro ser querido. Los primeros días suelen ser agotadores y debilitantes, pero, a medida que pase el tiempo, la mayoría de las personas tendrán períodos de semi-normalidad interrumpidos por períodos de dolor menos frecuentes y menos intensos.

Los altibajos del duelo

En mi opinión, es práctico pensar que el duelo sigue un comportamiento ondulatorio. Para la mayoría de las personas, al principio las olas de dolor son intensas y se abaten sobre nosotros con rapidez, sin permitirnos un descanso entre ellas. Para algunos, sin embargo, las olas individuales son suaves al principio, llegando a un pico durante los meses siguientes, a medida que se toma conciencia de la pérdida.

Con el paso del tiempo, las olas golpean con menos fuerza y con menos frecuencia. Pero, desafortunadamente, para un pequeño porcentaje de dolientes, no hay mucha variación en la intensidad de las olas. La intensidad y frecuencia de cada ola es diferente para cada persona.

Muchos sentirán que la pausa entre cada ola se hace más larga, haciéndoles creer que su situación está mejorando. Sin embargo, cuando una gran ola golpea inesperadamente, esto nos hace creer que, por un tiempo, la situación está empeorando. Siempre hay un desencadenante que provoca estas grandes olas, seamos o no conscientes de ello.

Los desencadenantes pueden ser cualquier cosa, como una fecha importante, un aniversario o un cumpleaños, escuchar una canción, el olor de una comida favorita, el cambio de las estaciones o ver a un desconocido que se parece al difunto. Puede que los desencadenantes no sean obvios, ya que a menudo se producen a nivel subconsciente, pero si puedes identificarlos, estarás mejor preparado para la próxima vez que ocurran.

Pensar en el duelo como una serie de olas con diferentes desencadenantes ayuda a ilustrar las diferencias entre el sufrimiento de cada persona y a explicar por qué otras personas parecen que sufren menos. También explica por qué tenemos recaídas.

Saber que seguirá un patrón ondulatorio te ayudará a estar más preparado si se intensifica repentinamente. Si llegas a esperar estos altibajos y a saber que al principio tendrás muchos días malos, los cuales se irán reduciendo con el paso del tiempo, será menos probable que pienses que estás empeorando cada vez que tengas un día malo.

Con el tiempo, aprenderás a adaptarte a las emociones generadas por el duelo. Pasas de creer que nunca lo superarás, a pensar que lo odias, a entender finalmente que, aunque no lo quieras y lo sigas odiando, lo superarás.

No debes dudar de si te has adaptado a la pérdida si tienes momentos de dolor años después, puesto que es algo que ocurre cuando amamos a alguien. Es un simple recordatorio de que nunca dejamos de amar a esa persona, las emociones son diferentes al proceso de adaptación.

La pérdida es permanente, por lo tanto, también lo es nuestro dolor, ya que es nuestra respuesta continua a la pérdida. Podemos y debemos esperar que aumente y que luego disminuya.

Sentir ese dolor, gradualmente, da paso a poder finalmente dejarlo de lado. El duelo es una experiencia muy cambiante. Siempre hay una respuesta emocional intensa y profunda cuando perdemos a un ser querido, sin embargo, esto cambia con el tiempo. Gradualmente, nos adaptamos a nuestra nueva realidad.

5

Cómo el duelo te afecta físicamente

El duelo no solo nos afecta psicológicamente, sino también nos afecta físicamente. Genera varios síntomas físicos. Cuando perdemos a un ser querido, nuestro cuerpo segrega unas sustancias llamadas endorfinas (similar a la morfina) que actúan como analgésicos. Anestesiando nuestro cuerpo para que funcionemos de manera automática, sin ser completamente conscientes de lo que ocurre a nuestro alrededor. Sus efectos pueden durar entre 4 a 6 semanas, aunque pueden durar aún más.

Debido a esto, unas semanas después del funeral, podemos ver que un doliente está afrontando bien el duelo, pero, cuando el cuerpo deje de segregar dichas sustancias, sentirá el dolor de la pérdida y la soledad con mucha más intensidad. A menudo ocurre cuando otras personas han vuelto a sus vidas.

Si se llora, estas sustancias se liberan en las lágrimas. Llorar libera oxitocina y endorfinas, hormonas que nos pueden dar una sensación de calma y bienestar. Por esta razón, es importante llorar, ya que puede aliviar nuestro dolor físico y emocional. El cuerpo también libera estas hormonas cuando hacemos ejercicio, lo cual puede ser útil para las personas que les cueste llorar.

También nos ayuda a aliviar el dolor. Por lo tanto, no contengas el llanto. Seguramente, han habido muchas veces en las que te has sentido mal por algo, pero cuando lloraste, te sentiste mucho mejor. Es importante que las personas que te apoyan sepan los beneficios de llorar, y que no intenten impedirlo. También, es importante que llores cuando lo necesites.

¿Por qué dificulta conciliar el sueño y genera irregularidades en la alimentación?

No poder dormir y no querer comer es algo normal en el duelo, tampoco debes preocuparte si esto ocurre en las primeras semanas posteriores a la pérdida. Las hormonas mencionadas anteriormente, también pueden relajar algunos músculos, incluidos los que intervienen en la digestión. No tendremos muchas ganas de comer, ya que estos músculos se ralentizan.

Además, nuestro cuerpo en este momento no necesita la misma cantidad de comida que en una situación normal. Debido a que el estrés causado por el duelo activa nuestra respuesta de lucha o huida, el cual reduce nuestro apetito, para que nuestra energía vaya a los músculos implicados en esta respuesta.

Lo más importante, es alimentarnos con comidas nutritivas y livianas. Por ejemplo, comer frutas y verduras frescas en pequeñas cantidades.

La cantidad de adrenalina (una de las hormonas del estrés) generada por el duelo, es una de las principales causas del insomnio. Ya que, la adrenalina es una de las hormonas encargadas de subir la frecuencia cardíaca, aumentar la necesidad de oxígeno, subir la temperatura y activar el cerebro. Además, nuestros músculos, cargados de adrenalina, se tensan y contraen. Esto ocurre, como antes con nuestro apetito, porque el duelo activa nuestra respuesta de lucha o huida, el cual comienza a prepararnos para defender ante una posible amenaza.

Aunque, este antiguo mecanismo de defensa se activa para protegernos de una amenaza, nada ocurre, por lo que nos deja preparados por si algo sucede más tarde. Lo cual dificulta conciliar el sueño.

Hay otra hormona del estrés, el cortisol, que nos puede hacer sentir muy incómodos. Muchas personas en duelo recurren a las drogas o al alcohol para aliviar el malestar causado por la adrenalina y el cortisol, y para ayudarles a dormir. Aunque sería mucho mejor dar un largo paseo, ir al gimnasio o practicar un deporte al aire libre para poder eliminar el exceso de estas hormonas en nuestro sistema.

Otras actividades que pueden ayudar son la jardinería, las tareas domésticas, limpiar, cortar el césped, pintar, lavar el coche y muchas más.

Muchas personas que acuden a las terapias de duelo, sienten que un masaje les ayuda a sentirse mejor cuando se sienten angustiados. Los masajes relajan los músculos y nos dan una sensación de bienestar. Busca un masajista que no intente "aconsejarte" o "arreglarte".

Otras formas en las que afecta el cuerpo

Cualquier sistema en nuestro cuerpo, puede verse afectado por el duelo. Algunos de sus efectos pueden ser sorprendentes. Puedes desarrollar erupciones cutáneas o problemas gastrointestinales como acidez, dispepsia, estreñimiento o diarrea. También puedes sufrir efectos más graves, como dolor en el pecho, espasmos musculares o dolores intensos de cabeza. Algo que le ha ocurrido a varias personas en duelo es la aparición de síntomas similares a los que sintió el difunto, o incluso síntomas imaginados que podría haber sentido.

En las terapias de duelo, he visto a personas que sentían fuertes dolores en el pecho después de haber perdido a alguien que murió de un ataque al corazón. Incluso ayudé a una señora que empezó a cojear tras la muerte de su marido. Su marido necesitaba un bastón en su último año antes de morir. Los médicos no entendían por qué ocurría esto, pero desapareció, tras unas sesiones de terapia y de hipnoterapia.

Siempre que aparezcan síntomas físicos extraños después de una pérdida, es muy importante que primero los revise un médico antes de acudir a una terapia de duelo. Ya que puede ser una dolencia física.

6

Cómo el duelo te afecta emocionalmente

El duelo afecta profundamente nuestras emociones. Algunos de los cambios que produce pueden ser sorprendentes, mientras que otros son normales. La tristeza, la añoranza, el anhelo, la ira, la angustia, la culpa, son solo algunas de las emociones que suele generar. Además, sentirse deprimido, enojado y culpable es algo habitual en este proceso. La depresión y la desesperanza pueden debilitar a algunos dolientes, siendo muy difíciles de superar.

Depresión

Se puede definir el término "depresión" como un trastorno emocional y mental que se caracteriza por sentimientos permanentes de tristeza, baja autoestima, pérdida de interés y energía. Aunque el duelo puede parecerse mucho a la depresión clínica, tiene ciertas diferencias. La depresión clínica afecta la forma de pensar, mientras que el duelo afecta la forma de sentir. Una manera más adecuada de describir el duelo sería "una tristeza profunda". Sentir una tristeza profunda no necesita la prescripción de medicamentos. La mejor manera de superarla es expresar cómo te sientes a una persona de confianza, como un amigo o familiar, que esté dispuesto a escucharte sin juzgarte, o acudir a terapias de duelo si es necesario. Afrontarlo implica expresar tus sentimientos y hablar con otras personas que te apoyen, algo que no se puede hacer con un medicamento recetado.

El duelo se puede confundir fácilmente con la depresión clínica. Por ejemplo, los sentimientos persistentes de tristeza o desesperanza, los aumentos o disminuciones inesperados del apetito, la disminución del placer o del interés por las actividades cotidianas, el insomnio o la hipersomnia, el llanto y la tristeza, la fatiga, la culpa, la dificultad para concentrarse y los pensamientos recurrentes sobre la muerte, parecen síntomas de una depresión clínica que pueden preocupar a las personas cercanas al doliente. Esto puede hacer que busque ayuda médica para que se le recete algún medicamento. Pero, antes de hacer esto, puede ser aconsejable acudir a un profesional de la salud mental, el cual puede hacer un diagnóstico de forma personalizada y explicarle al doliente la diferencia entre la depresión clínica y el duelo, dependiendo de su caso.

La depresión clínica no se caracteriza por los altibajos que normalmente ocurren en el duelo, sino por un sentimiento persistente de tristeza y desesperanza que no cesa después de dos semanas. Los síntomas pueden ser tan severos que perjudican el funcionamiento normal de una persona. Si este es el caso, buscar ayuda médica es la mejor opción.

Es importante recordar que en el duelo podemos tener sentimientos de vacío existencial (pérdida de motivación y de interés por lo que sucede a nuestro alrededor) o desesperación. Esto no es una señal de que tenemos un trastorno mental, sino una reacción normal a una pérdida. Sentirse profundamente triste hará que nuestros amigos y familiares, con buenas intenciones, nos digan que lo superemos. Sin embargo, es otra reacción completamente normal. Otra cosa que es importante saber, es que si nos dicen esto durante este momento tan difícil, no nos ayudará a superarlo. De hecho, puede considerarse poco habitual no sentir una profunda tristeza tras la pérdida de un ser querido.

Si estar en duelo es el proceso de adaptarse a la pérdida, entonces sentirse mal por la pérdida de un ser querido, es un paso a la recuperación y reconstrucción de tu vida. A medida que empiezas a adaptarte a la ausencia de tu ser querido, tu vida empezará a ser un poco más tranquila. Tus síntomas físicos empiezan a mejorar y tus sentimientos de tristeza empiezan a desaparecer.

Con el tiempo, comenzarás a sentirte mejor y a disfrutar de la vida, pero, para que esto suceda, tendrás que dedicarle tiempo al duelo, por ejemplo, expresar tus sentimientos, asistir a un grupo de apoyo, acudir a terapias de duelo, etc.

Ira

La ira es una respuesta común tras sufrir una pérdida, que a menudo es confusa y sorprendente. Necesitamos esta emoción para nuestra supervivencia, pero puede ser intensa y aterradora. Puede surgir como resultado de cómo ocurrió la muerte, si fue repentina o esperada. También puede ser el resultado del tipo de comportamiento que el difunto haya tenido, por ejemplo, el consumo de drogas, la embriaguez, la rebeldía o la simple falta de cuidado. Además, podemos culpar a otra persona por la muerte.

La ira es sentida por hombres y mujeres, pero, es más probable que la expresen los hombres. Sin embargo, por desgracia, el doliente se puede desquitar con las personas más cercanas, como la familia y los amigos, o un cuidador o profesional de la salud.

El inmenso estrés generado por el duelo es percibido por nuestro subconsciente como una amenaza. Reaccionamos como si estuviéramos en un entorno hostil, por lo que la ira es nuestro mecanismo de defensa más primitivo, el cual se activa para poder defendernos a nosotros mismos, a nuestra familia y a nuestra comunidad. Es natural y se puede entender, pero puede aislarte en un momento en el que necesitas el apoyo de los demás. También, puede alejarte de las personas que más necesitas.

Entonces, ¿cómo debes controlar la ira? Lo primero que hay que hacer es explorarla. ¿Cuándo te enfadas? ¿Por qué te has enfadado? ¿Cómo la expresas? ¿Qué haces cuando estás enfadado?

Después de analizar estas preguntas, puede que descubras que tu enfado no se centra en ninguna persona que consideras responsable o en una injusticia. Puede que te des cuenta de que la mayoría de las veces no estás enfadado con alguien. Estás enfadado con tu propio dolor, tu pérdida y tu aislamiento. Has perdido a un ser amado, y no puedes hacer nada al respecto. ¿Quién no se enfadaría por eso?

A veces, el ejercicio físico puede ayudarte a controlar la ira. Otras actividades también te pueden ayudar, como el deporte, la jardinería, andar o las tareas domésticas. Los sacos de boxeo también funcionan, así como golpear un neumático grande y viejo con un martillo, cortar madera o destrozar una vajilla vieja. También es útil escribir una carta (y no enviarla), hablar de tus sentimientos, dar un paseo en coche con la música a tope y gritar todo lo que puedas, o encontrar una playa vacía y gritar al mar. Las fantasías también pueden ser una forma eficaz de controlar la ira, por ejemplo, imaginando lo que le dirías a tu ser querido si te encontraras con él en un futuro más allá de la muerte. No hay que creer en el más allá para que esto sea útil.

La ira debe expresarse de alguna manera o puede acumularse en nuestro interior y explotar en momentos inapropiados, o causar dolencias físicas más adelante.

La agresión no es ira. La agresión es un comportamiento hostil o violento, una disposición a atacar o a enfrentarse a otra persona. El duelo no vuelve a los dolientes agresivos. La agresividad es un rasgo de la personalidad que ya estaba presente antes de la pérdida. Es importante no confundir la elevación de la voz, los gritos o golpear objetos con la agresividad. La intensidad de la ira que se siente en el duelo puede ser aterradora y desconocida para el doliente y para quienes lo apoyan, pero en realidad es otra forma de expresar el intenso dolor.

Culpa

La culpa es una de las emociones más inesperadas. Afecta la salud física y psicológica. Nos carcome por dentro, creando dolor y creando recuerdos perturbadores. Hay varios tipos de culpa.

Existe la culpa que sentimos cuando creemos que somos responsables por la muerte, por algo que hicimos o por algo que dejamos de hacer. Por ejemplo, ¿qué hubiera ocurrido si hubiéramos llevado a nuestro ser querido al médico o reconocido un síntoma? ¿La muerte podría haberse evitado? ¿Y si no hubiéramos podido convencer a nuestro cónyuge de que dejara de beber o fumar y su consumo de alcohol o tabaco hubiera causado o contribuido a su muerte? Hay muchas personas que han muerto de cáncer de pulmón o cirrosis hepática que no pudieron dejar de fumar o de beber incluso después de su diagnóstico, sin importarles lo que la familia hiciera para que lo dejaran. Podemos seguir sintiéndonos culpables aunque no hayamos podido controlar sus acciones.

Podríamos ver la pérdida como un castigo por algo que hemos hecho. Al trabajar con personas en duelo, he escuchado a mis clientes confesar todo tipo de cosas, como actos criminales, actos rencorosos, actos egoístas, pensamientos lujuriosos o codiciosos, infidelidad, no asistir a su lugar de culto o no orar a Dios con la suficiente frecuencia. Todos creían que sus actos podrían haber causado la muerte de su ser querido.

Tal vez sentimos que podríamos haber sido mejores padres, mejores hermanos, mejores hijos o hijas. Es posible que deseemos poder retroceder el reloj y hacer o decir las cosas de manera diferente.

He perdido la cuenta de la cantidad de personas que me han dicho lo culpables que se sentían por los años que se perdieron por haberse enemistado con alguien y de no hablarle hasta que se enteraron de un diagnóstico terminal, o peor aún, se enteraron de que la persona había fallecido. Muchos llegan a lamentar todos esos años perdidos.

Podemos preguntarnos por qué estamos vivos cuando otra persona murió. Esto es muy común con un hermano que pierde a otro hermano o hermana. Los hermanos sobrevivientes pueden creer fácilmente que son ellos quienes deberían haber muerto en su lugar. De igual manera, las personas mayores sienten esta culpa cuando alguien más joven muere y creen que deberían haber muerto en su lugar.

Podemos sentirnos culpables o avergonzados por lo mal que parecemos estar afrontando nuestra pérdida, o podemos pensar que lo estamos haciendo demasiado bien. También, podemos sentir ambas cosas. Hasta te puedes sentir culpable por estar disfrutando de algunos momentos de tu vida, cuando tu ser querido no puede disfrutar de ningún momento.

Así mismo, a veces deseamos volver atrás, cambiar algo, hacer más, decir menos, evitar que la muerte ocurra, sin importar lo irreal que sea ese deseo. Al repasar esto en nuestra cabeza, imaginando que hubiéramos hecho las cosas de otra manera, nos damos otra oportunidad de expresar nuestro amor y apego.

Cuando nos sentimos culpables o avergonzados, necesitamos un amigo o familiar de confianza que simplemente nos escuche. Necesitamos que la persona que nos escucha no intente hacernos sentir mejor y que no intente quitarnos nuestra culpa. Para aquellas personas que están intentando ayudar a una persona en duelo, es mejor no decirles frases como: "No fue tu culpa" o "No debes culparte por lo ocurrido". Lo mejor es dejar que expresen sus sentimientos y escucharles.

Identifica tu culpa, luego haz un análisis de ella. ¿De dónde viene? ¿Es realista? A menudo tenemos expectativas poco realistas sobre lo que podemos controlar o conseguir. La verdad es que hay muchos factores fuera de nuestro control.

Hazte la pregunta, dadas las circunstancias, ¿qué podrías haber hecho de forma diferente? ¿Qué te ha enseñado la experiencia? A veces entendemos más sobre nuestra culpa simplemente reflexionando: "¿Las demás personas me consideran culpable?" o "¿Sería yo tan duro con alguien que conozco bajo las mismas circunstancias?". Si sigues sintiéndote culpable por algo que hiciste, o no hiciste, dijiste o no dijiste, puedes escribir una carta a la persona que perdiste y quizás leerla en su lugar de sepultura, o incluso hablarle a una silla vacía mientras piensas que la persona está sentada en ella (una técnica muy eficaz conocida como técnica de la Silla Vacía de la Terapia Gestalt). Puede parecer extraño al principio, pero es una forma poderosa de autoayuda.

Vacío en el alma

El duelo se siente muy a menudo como un vacío o una ausencia profunda. Muchas veces se siente como si una parte de tu alma se hubiera muerto con la pérdida, lo que puede llevar a algunos a creer que el remedio para el dolor del duelo es llenar ese vacío con algo nuevo, para reemplazar lo que se perdió. A menudo, los familiares y amigos bienintencionados aconsejan que "todavía eres lo suficientemente joven para casarte de nuevo o tener otro bebé". Por lo general, es mejor ignorar por completo este tipo de consejos, así se digan con las mejores intenciones.

Si es posible, evita tomar decisiones importantes en los primeros doce o dieciocho meses. Algunas de las decisiones importantes son: vender una casa, volver a casarse, quedarse embarazada de nuevo, cambiar de trabajo o poner fin a las amistades.

Nada puede realmente llenar ese vacío emocional. Sin embargo, puede ser de gran ayuda si la familia y los amigos pueden proporcionarte: amor, amistad, afecto, dinero si hace falta, apoyo emocional, unas palabras amables, comprensión y aceptación, así como ayuda práctica.

También, es muy importante continuar un vínculo con el difunto. Como guardar sus objetos personales y su ropa por mucho tiempo o seguir visitando su lugar de sepultura.

Los objetos pueden ser de cualquier tipo, físicos o digitales, como cartas, correos electrónicos, mensajes de texto, fotos, teléfonos, portátiles, tarjetas, sombreros, guantes, chaquetas, perfumes, pijamas, joyas... A veces otras personas pueden preocuparse por lo que se está guardando.

Es posible que estés intentando hacer que los demás se sientan cómodos. Puede que intentes no expresar tus sentimientos cuando estés con otras personas, solamente expresando tu dolor cuando estés a solas. Puede ser útil utilizar una "máscara pública" para protegernos de comentarios desconsiderados que nos puedan hacer, especialmente cuando somos vulnerables a dichos comentarios. Sin embargo, también es importante no siempre cambiar nuestro comportamiento para acomodar a los demás.

Desesperanza

Por lo general, se siente pura desesperanza cuando la realidad y la irreversibilidad de la muerte nos golpean. Se pierde toda la esperanza de volver a ver al ser querido, esta ausencia puede ser insoportable. Incluso cuando los dolientes tienen fuertes creencias religiosas que incluyen reunirse en el más allá. Anhelan sentir, abrazar, escuchar y abrazar a su ser querido ahora, en el presente. Esta desesperanza puede durar mucho tiempo para algunos o puede ser un vaivén para otros, pero no será un sentimiento constante para siempre. Es normal sentir tristeza, anhelar que nuestro ser amado regrese a nosotros, que las cosas vuelvan a la normalidad que alguna vez conocimos.

Aunque puedes tener poco que decir sobre cómo te sientes y cómo estás experimentando el duelo. Al reconocer tu dolor y que tus emociones son respuestas normales y naturales, puedes comenzar a afrontar tus sentimientos. La recuperación de la desesperanza puede ser un proceso lento, pero con apoyo, aceptación y entendimiento, y usando nuestros propios recursos internos, recuperaremos de nuevo la esperanza.

Es posible que tengamos que asumir las tareas que antes realizaba nuestro ser querido, pero a medida que pase el tiempo, empezamos a tener más días buenos que malos. Mientras aprendemos a vivir con la pérdida, empezamos a reconstruir nuestras vidas y a establecer nuevas conexiones sociales.

Puede que te resulte útil saber que la mayoría de las personas que han sufrido una pérdida nunca se recuperan del todo, pero, con el tiempo, esta se convierte en parte de tu vida. De modo que los recuerdos ya no te consumen. Nos adaptamos a nuestra nueva realidad sin nuestro ser querido, pero nunca lo olvidaremos.

7

El duelo y el estrés

Nuestro cuerpo puede manejar el estrés a corto plazo. Pero, el duelo produce estrés prolongado. Esto genera trastornos de auto-estrés, como la ansiedad, el bajo estado de ánimo, la irritabilidad, los altibajos emocionales, la falta de sueño, la escasa concentración, el deseo de soledad, los sueños recurrentes o los *flashbacks*, los cuales puede ser desagradables y dificultan la concentración. Esto se debe a que el estrés sostenido aumenta los niveles de ciertos neuroquímicos como el cortisol, la hormona que libera corticotropina y adrenalina, que también activa la amígdala (estructura cerebral que está involucrada en nuestras emociones de supervivencia, como el miedo) e interfiere con la corteza prefrontal (parte del cerebro que se encarga de procesos cognitivos superiores, como la toma de decisiones), afectando a nuestra capacidad de mantener la atención y la concentración.

Por lo general, cuando pensamos en el duelo, pensamos en tristeza o angustia emocional. No nos imaginamos lo estresante que puede ser. Es normal que las personas que están en situaciones en las que el estrés se mantiene de forma prolongada, como el duelo, tengan dolencias a causa de esto. El estrés parece activar una respuesta inflamatoria en el cuerpo, que si no se trata, puede generar una acumulación de las mismas proteínas que causan dolores y molestias en un resfriado o gripe. Estas proteínas, llamadas citoquinas, sirven para regular las respuestas inmunitarias e inflamatorias. Pueden salvarte la vida si tienes una herida o infección. Aunque, durante un estrés prolongado, esta respuesta inflamatoria puede producir malestar. Las citoquinas pueden causar cansancio, dolor, agotamiento y letargo, al igual que un resfriado.

Un estudio en el año 2012 de la revista *Circulation*, perteneciente a la Asociación Estadounidense del Corazón, mostró que el peligro de un ataque cardíaco en las primeras 24 horas después de la muerte de un ser querido era alto, también observó que las personas con problemas cardiovasculares existentes podrían tener un riesgo aún mayor de sufrir un ataque al corazón. Un estudio de seguimiento realizado en 2014 mostró que, para las personas con 60 años o más, tenían más del doble del riesgo de sufrir un derrame cerebral o un ataque cardíaco dentro de los 30 días posteriores a la muerte de su pareja, en comparación con las personas que no habían sufrido tal pérdida. Otra investigación ha relacionado el duelo con la interrupción del sueño, los cambios en el sistema inmunitario y el riesgo de coágulos sanguíneos. Está claro que el duelo prolongado, el cual afecta a un 10% de las personas en duelo, es motivo de preocupación, ya que puede ser la causa de graves problemas para la salud.

Cuando sufrimos una pérdida, nuestro sistema de supervivencia puede funcionar a toda marcha, causando interrupciones en nuestro sueño y concentración y haciéndonos sentir tensos, ansiosos, enojados o deprimidos. Hasta podemos sufrir los efectos físicos del exceso de cortisol, que es corrosivo en muchas áreas del cuerpo.

Si estamos estresados, el cortisol se segrega para:

1. Aumentar la frecuencia cardíaca.

2. Aumentar la presión arterial.

3. Restringir el flujo sanguíneo.

4. Disminuir la variabilidad de la frecuencia cardíaca (aumentando el riesgo de muerte súbita).

5. Aumentar el colesterol.

6. Aumentar la adrenalina.

Es poco probable que seamos conscientes de los niveles elevados de cortisol (la principal hormona del estrés) en nuestro cuerpo. Pero pueden causar daños físicos a los órganos y tejidos, incluyendo la subida del azúcar en la sangre (diabetes), la subida de la acidez estomacal (úlceras pépticas), la osteoporosis, la subida del volumen sanguíneo (hipertensión) y la depresión de la función inmunitaria (infecciones oportunistas, los dolientes siempre parecen ser más susceptibles a los resfriados y a la gripe). Estos problemas de salud son causados por la presencia de cortisol, no están vinculados a los cambios en el cerebro, son causados únicamente por la entrada continua de estrés en el sistema límbico (primitivo). Persistirán solo mientras el estrés continúe. Se vuelven muy preocupantes si el estrés del duelo pasa a un estado de desamparo prolongado, cuando la fisiología cambia de una reacción endocrina de cortisol, que puede ser desactivada, a una depresión clínica, que no es tan fácil de tratar.

Si nuestro cuerpo no vuelve rápidamente a un estado normal, tenemos más posibilidades de desarrollar problemas de salud más graves. Por extraño que parezca, llorar nos hace menos vulnerables a las infecciones, debido a que nuestras lágrimas reducen las hormonas del estrés (como el cortisol), además, contienen anticuerpos que combaten los microbios patógenos.

En resumen, el estrés es perjudicial tanto para nuestro cuerpo como para nuestra mente, ya que el duelo crea una situación en la cual el estrés se mantiene de forma prolongada. La mejor manera de reducir este estrés es: hablar con alguien que te escuche, llorar cuando lo necesites, no reprimir tus emociones, hacer ejercicio, tomar una siesta, disfrutar de un viaje corto, etc.

8

Ocurrencias inesperadas

Muchas personas que han acudido a las terapias de duelo me han informado que sintieron la presencia del difunto, de hecho, esto es algo que ocurre con frecuencia. Me han comunicado que muchas veces han sentido olores del pasado o han escuchado a alguien. Estas ocurrencias pueden parecer perturbadoras, pero, suelen ser reconfortantes para los dolientes. Aunque, por lo general desaparecen tras unos meses.

Además, tras la pérdida de un ser amado es normal soñar con esta persona, aunque, generalmente estos sueños son sencillos, algunos pueden ser más complejos, más perturbadores y llenos de simbolismo. Es más, hasta se pueden tener pesadillas, especialmente si la relación con el difunto fue problemática o si su muerte fue traumática.

En muchas ocasiones, la persona en duelo tiene estos sueños para volver a sentir vivo a su ser querido. También pueden ser un apoyo o un mensaje el cual se puede interpretar. Otras veces el doliente soñará que su ser amado está vivo, pero, cuando se despierta, tomará consciencia de su ausencia. Sin embargo, este tipo de sueños suelen ser necesarios para entender que la muerte es un suceso definitivo e irreparable. A veces soñar con el difunto ayuda a integrar las emociones que ha causado la pérdida, como la culpa, la desesperanza, el enojo y la soledad.

Es normal no haber tenido ninguna vivencia extraña o sueños con el fallecido. Muchas veces anhelamos una experiencia de este tipo para poder volver a ver a nuestro ser querido.

Algunas personas intentan ponerse en contacto con el difunto mediante un médium, pero te advierto que primero deberías explorar y abordar las razones de tu deseo de volver a ponerte en contacto, también, deberías pensar si esto es compatible con tus creencias espirituales.

La mayoría de estas ocurrencias son reconfortantes. En los estudios, se ha observado que más de la mitad de todas las personas en duelo han tenido una o más de estas experiencias. Pero, no sabemos mucho sobre estas vivencias inesperadas. Por lo general, consuelan a las personas afligidas, sin embargo, tienen miedo de hablar sobre ellas porque temen las reacciones de los demás.

Si has tenido alguna ocurrencia inesperada, puede ser de ayuda contárselo a alguien de confianza. Si te preocupan, puedes acudir a un especialista en duelo.

9

Las diferencias en el duelo entre hombres y mujeres

Se cree que generalmente los hombres y las mujeres sienten y expresan las emociones de forma distinta, por lo que también se afligen de manera diferente. Esto se debe a sus diferencias biológicas y sociales.

Por lo general, se piensa que los hombres son menos emotivos que las mujeres. Pero, sienten el mismo dolor y sufrimiento que las mujeres tras una pérdida. La sociedad occidental espera que los hombres sean fuertes y estoicos, mientras que las mujeres sean emotivas y sensibles. Debido a esto, se espera que muchos hombres se centren en lo que piensan sobre la muerte de su ser querido, mientras que las mujeres se centren en cómo se sienten sobre su pérdida. Podemos sentirnos avergonzados, culpables o débiles si no seguimos los roles de género.

Sin embargo, hoy en día muchas personas no siguen los estereotipos de género. Las mujeres ahora pueden trabajar en puestos que antes eran ocupados exclusivamente por hombres, mientras que hay hombres que se dedican a las tareas domésticas. Estos cambios permiten que las personas expresen sus sentimientos como deseen, en lugar de seguir los roles de géneros tradicionales.

Tu sexo no solo influye en como experimentas el duelo, sino también en cómo los demás se relacionan contigo. Aunque no siempre es el caso, a menudo se espera que los hombres sean "fuertes" y controlen sus emociones. Los hombres por lo general, tendrán más dificultades que las mujeres para expresar sus sentimientos.

Pero, las mujeres pueden tener dificultades para expresar su ira. Pueden sentir enojo, pero pueden pensar que no deberían enojarse. Los hombres suelen ser más rápidos para responder con emociones explosivas. Además, ya que se espera que los hombres sean autosuficientes, a menudo les resultará más difícil aceptar apoyo externo.

El llanto, el lamento y la expresión pública de sentimientos y emociones generalmente se estereotipan como respuestas femeninas. Un tipo de duelo típicamente femenino implica expresar el dolor. Las expresiones públicas de luto, tristeza y llanto son ejemplos de cómo expresan su dolor. Al expresarlo externamente, las mujeres también están, inconscientemente, señalando a los demás que están sufriendo y que aprecian el consuelo de los miembros de su círculo social o grupo de apoyo mientras lloran su pérdida.

Por el contrario, reprimir los sentimientos suele considerarse un rasgo masculino. Los hombres se mantienen ocupados para evitar pensar sobre sus sentimientos. Sienten el dolor físicamente en vez de sentirlo emocionalmente. Quieren hacer algo en lugar de sentarse y hablar sobre sus sentimientos o llorar por la pérdida. Es posible que veas a un hombre plantando un jardín conmemorativo o construyendo un banco conmemorativo. Esto les permite hacer algo que está directamente relacionado con su pérdida mientras sienten el impacto de su dolor.

Nuestra sociedad otorga un gran valor a lo que se consideran respuestas adecuadas tras sufrir una pérdida. Por lo que los roles de género tradicionales influyen en nuestra forma de afrontar el duelo.

El duelo en las parejas

Las parejas heterosexuales que han perdido a un hijo suelen no estar de acuerdo con su forma de afrontar el duelo.

Por un lado, en las terapias de duelo me encuentro con clientas que se quejan de que su pareja masculina no está afligida, no le importa la pérdida o que ya la ha superado, porque ha decidido no hablar sobre ella.

Por otro lado, los clientes masculinos muchas veces dicen que su pareja es muy emotiva. Algunos hombres incluso se enojan cuando se les dice: "No te importa, nunca muestras ninguna emoción".

Informarles que los hombres afrontan el duelo de una manera, mientras que las mujeres lo afrontan de otra, puede ser de gran ayuda y un alivio para una pareja en duelo, especialmente cuando entienden las diferencias sobre las que hemos hablado anteriormente.

10

Relaciones interpersonales en el duelo

El duelo a menudo cambia nuestras relaciones interpersonales. Si estás en duelo y necesitas el apoyo de alguien, verás quien está a tu lado en los momentos difíciles. De hecho, algunos amigos simplemente "desaparecerán". En resumen, como dice el refrán: "En la necesidad se ve la amistad".

Tu forma de ver la vida cambiará y tus prioridades también. La pérdida te dará una oportunidad para empezar de nuevo, para analizar lo que te importa y pasar tiempo con las personas que te han apoyado.

Es conveniente recordar que somos nosotros los que hemos cambiado, no los demás. Es posible hacer nuevos amigos, así como conservar algunos de antes. Debes recordar que los nuevos amigos te conocerán tal y como eres ahora. No tendrán expectativas ni esperanzas de que vuelvas a ser como eras antes de la pérdida, a diferencia de tus antiguos amigos, que esperarán que volverás a ser igual que antes.

Nos volveremos menos inhibidos, más asertivos y menos propensos a contener nuestros pensamientos y sentimientos. En el duelo, podremos llegar a ser bastante francos. También podemos asumir más riesgos.

El puro dolor del duelo también nos puede hacer indiferentes a lo que puedan pensar los demás. Estos cambios pueden preocupar a nuestros familiares y amigos. Es importante recordar que no deberíamos pasarnos, ya que podremos perder a las personas más cercanas por esto.

11

La sexualidad y el duelo

Nuestro sexo suele influir en cómo el duelo afecta nuestro deseo sexual. Por lo general, las mujeres alcanzan la intimidad a través de la comunicación verbal, la sensibilidad y el afecto. Mientras que los hombres suelen creer que la intimidad solo puede alcanzarse a través del sexo. Estas solo son generalizaciones. Han habido algunas mujeres que han acudido a mis terapias que han buscado la intimidad a través del sexo y hombres que han buscado la intimidad a través de la delicadeza y el afecto. Cada regla tiene su excepción.

Sin embargo, como norma general, el duelo complica las respuestas sexuales. Es normal que tanto hombres como mujeres pierdan su deseo sexual por un tiempo. Esto puede ser por la profunda tristeza que inunda todo nuestro ser, el cual deja poco espacio para otras necesidades. Sin embargo, hay algunas personas que mantienen su deseo sexual, incluso puede aumentar, ya que tratan de evitar el sufrimiento e intentan sentir algo de placer cuando la apatía no se puede soportar más. También para encontrar algo de consuelo y tranquilidad en un momento tan angustioso.

La sexualidad y el duelo en las parejas

Si en una pareja, uno de los miembros pierde a alguien más cercano que el otro, por ejemplo, cuando muere el padre de alguno de los miembros, la estabilidad en esta relación por lo general volverá en unos meses. Pero, si muere un hijo, ninguno de los miembros de la pareja va a poder cuidar del otro, debido al intenso dolor que sentirán. Seguramente, también, las necesidades de cada uno serán diferentes. Por ejemplo, si el hombre busca consuelo a través del sexo, pero su pareja puede sentirse físicamente y emocionalmente incapaz de responder, por lo que cada uno se sentirá rechazado. Ella puede verlo como alguien egocéntrico y exigente, y él la verá como una persona fría. He visto esto muchas veces en las terapias.

Sin embargo, pueden surgir problemas cuando uno de ellos, o ambos, quieren volver a tener una relación sexual. Esto suele ocurrir porque, consciente o inconscientemente, intentan evitar más dolor. Cuando muere un hijo, las mujeres suelen sentirse culpables y, en cierto modo, responsables, mientras que los hombres suelen sentirse enfadados, también suelen culpar a otra persona. La ira del hombre, sin embargo, puede alejarlo de su pareja femenina, especialmente cuando sus necesidades son de ternura, consuelo y tranquilidad, pero el alejamiento puede hacerle sentir rechazado. En estas circunstancias, es fácil crear un círculo vicioso que los aleja cada vez más el uno del otro. Si hay demasiado distanciamiento, la relación puede llegar a su fin, cuando más se necesitan.

No obstante, el distanciamiento en una pareja no tiene porque ser algo malo. Por un tiempo, tener tiempo a solas, puede permitir a cada miembro de la pareja atender a sus necesidades emocionales, sin sentirse presionado a atender las necesidades emocionales de su pareja al mismo tiempo. Aquellas personas que han perdido a alguien antes, o han sufrido trauma en una etapa temprana de su vida pueden retroceder a esas emociones y sentimientos, esto les puede hacer aún más vulnerables. Por lo tanto, es importante que los familiares y amigos, o tal vez un especialista en duelo, ayuden a mantener la pareja, cuidando de cada uno por separado.

Una vez que ambos miembros de la pareja entiendan que el interés sexual, o el desinterés, no es ni bueno ni malo, pueden iniciar un diálogo que puede disminuir el distanciamiento entre ellos. Ambos miembros de la pareja están buscando consuelo a su manera, luchando por sobrevivir, y con un poco de ayuda, pueden aprender a satisfacer algunas de sus propias necesidades de tal manera que no pongan expectativas irreales en una relación que está en un momento tan difícil. Si la relación sexual de una pareja sigue desequilibrada durante un periodo prolongado, o empieza a causar angustia de forma innecesaria a cualquiera de los miembros, puede ser una buena idea buscar ayuda profesional. Preferiblemente, de alguien con experiencia en terapia de pareja y terapia de duelo.

12

El consumo de alcohol y otras drogas

Normalmente el consumo de alcohol y otras drogas (como la nicotina, la cafeína, los analgésicos, los antiinflamatorios y los tranquilizantes) aumenta en las personas que acaban de perder a un ser querido. El dolor del duelo es tan intenso que la mayoría de los dolientes quieren aliviar y anestesiar su dolor emocional.

La mayor parte del malestar físico se debe a la adrenalina y el cortisol que produce nuestro cuerpo. Para contrarrestar estos efectos, los médicos suelen recetar tranquilizantes y/o pastillas para dormir. En algunos casos, tomar pastillas para dormir puede mejorar el sueño. El consumo de tranquilizantes en momentos de ansiedad, miedo o pánico también puede aliviar el malestar. El uso de estos medicamentos puede dar más "control" sobre el duelo. Sin embargo, el uso prolongado de estas sustancias puede crear adicciones.

Si el médico te diagnostica con depresión, es posible que te recete antidepresivos. En mi opinión, basándome en mis veinte años de experiencia trabajando con personas en duelo, es muy poco probable que alguien que no haya sufrido depresión en el pasado, desarrolle este trastorno mental como resultado de la pérdida de un ser querido. Pero, si has tenido depresión anteriormente, los síntomas pueden empeorar si estás en duelo. Deberías acudir a un profesional de la salud mental si empeoran de forma considerable.

A veces, el duelo puede reactivar ciertas vivencias del pasado. Si esto ocurre, puede crear complicaciones que necesitarán ayuda profesional. Si algún síntoma de tu duelo te preocupa, incluyendo el uso de drogas de cualquier tipo para disminuir tu dolor, no dudes en acudir a un especialista en duelo. Te ayudará a solucionar el problema.

Así mismo, el consumo excesivo de café puede ser nocivo para la salud. Se sabe que consumir mucho café puede generar ansiedad, palpitaciones y presión alta, por lo que para calmarnos, podremos consumir alcohol o tranquilizantes, especialmente si tenemos problemas para conciliar el sueño.

Por lo general, lo mejor es moderar el consumo de cafeína y hacer algo para reducir la agitación. La actividad física reduce la producción de hormonas como la adrenalina y el cortisol. Ordenar la casa, limpiar el garaje, sacar a pasear al perro, cortar el césped o planchar son tareas que pueden cansarnos, pero ayudan a reducir la agitación y nos hacen sentir mejor.

13

Por qué el sueño es importante

Cuando dormimos, alternamos entre dos tipos de sueño. Uno se llama sueño de movimientos oculares rápidos (MOR) o sueño REM por sus siglas en inglés, también se conoce como sueño paradójico, puesto que el cerebro está muy activo mientras el cuerpo está dormido. Durante esta fase soñamos. En este tipo de sueño nuestro cuerpo está inmovilizado, pero nuestros ojos se mueven rápidamente. El sueño REM representa un 20% a 25% de nuestro sueño.

El otro tipo de sueño se llama simplemente sueño sin movimientos oculares rápidos (NMOR o NREM en inglés). Esta fase ocurre cuando el cuerpo está completamente dormido y no está soñando. Se alterna entre estos dos tipos de sueño a lo largo de la noche, pero con períodos de sueño MOR que duran más a medida que avanza la noche. Los sueños más vívidos ocurren a medida que se acerca la hora de despertar.

Es posible despertarse justo antes o justo después de cada intervalo de sueño MOR, debido a que esta es la fase del sueño en la que el cerebro está más activo. Lo que se siente como "sueño profundo", el tipo de sueño más reparador, es el sueño NMOR, especialmente en las horas previas al amanecer.

El sueño MOR, es esencial para que podamos curar nuestras heridas emocionales. Es necesario soñar con los momentos cuyas emociones nos perturban, para sanar estas heridas y evitar el desarrollo de la ansiedad y la depresión.

Sueños y estrés

Por lo general, al tener un buen sueño, nos despertamos sintiéndonos mucho mejor que el día anterior. Esto es debido a nuestros sueños, que nos permiten recordar los detalles de experiencias importantes y liberar las dolorosas cargas emocionales que acompañan a dichas experiencias. Es posible que te hayas dado cuenta que cuando recuerdas algunos momentos, ya no tienen el mismo impacto emocional que tuvieron cuando ocurrieron. Eso es porque el sueño MOR libera la emoción de la experiencia, dejando un recuerdo narrativo, no emocional. De esta manera nuestros sueños nos ayudan a descargar el estrés acumulado. Por esta razón, obtener la cantidad y la calidad adecuada de este tipo de sueño es muy importante para ayudarnos a procesar la pérdida.

Las personas con depresión tendrán un sueño MOR más intenso, debido a la preocupación y al estrés. Por lo tanto, se adelanta la primera fase de este tipo de sueño, reduciendo la cantidad de sueño profundo. Esto creará sueños intensos que continuarán durante la noche, los cuales harán que el doliente se despertará agotado y sin motivación.

Sin embargo, si el insomnio y las pesadillas impiden que el sueño REM haga su trabajo, se activará la amígdala (la zona cerebral que controla nuestras emociones más básicas). Entonces, la insuficiencia de sueño REM dejará a la amígdala mucho más reactiva a los recuerdos con cargas emocionales, aumentando nuestro estrés y creando dificultades para mantener el control intelectual.

Para las personas que no duermen lo suficiente o que se despiertan frecuentemente con pesadillas, la falta de sueño REM generará una acumulación de ansiedad con el paso del tiempo. Sin embargo, debido a su preocupación excesiva, las personas deprimidas tendrán una sobrecarga de sueños, esta sobrecarga consume tanta energía en el cerebro que los deja agotados. El miedo, la ansiedad, la ira y muchas otras emociones pueden bloquear el sueño REM, mientras que la preocupación, la depresión, la soledad y la desesperanza pueden generar demasiado sueño REM. Ambos casos son perjudiciales.

Dada la amplia variedad de emociones que los dolientes tienen que soportar, hay que recalcar la importancia de tener un buen sueño. La cantidad y la calidad adecuada de sueño MOR nos ayudará a evitar la ansiedad, el miedo, la ira, la preocupación, la depresión y una gran cantidad de otras emociones que nos pueden atormentar.

Tener una buena higiene del sueño, tratar de relajarse antes de dormir y seguir un horario fijo a la hora de acostarnos

ayudará bastante a los dolientes, ya que fomenta una cantidad de sueño REM adecuada.

64

14

Buena higiene del sueño

La higiene del sueño

Tener una buena higiene del sueño consiste en prepararse para dormir lo mejor posible. Esto se consigue optimizando el horario de sueño, creando un entorno agradable en el dormitorio y siguiendo una rutina en el día y otra antes de acostarse. A continuación, se enumeran unos consejos que pueden ayudar a lograrlo, pero no son requisitos rígidos. Puedes adaptarlos a tus propias circunstancias, con el fin de poder dormir lo mejor posible.

Crear un horario

Tener un horario fijo acostumbra a tu cerebro y a tu cuerpo a dormir la cantidad total de horas necesarias.

1. Lo mejor es, si es posible, despertarse a la misma hora todos los días, ya que un horario de sueño fluctuante te impide entrar en un ritmo regular de sueño constante.

2. Puede ser tentador saltarse algunas horas de sueño para trabajar o estudiar más, socializar o hacer ejercicio, pero, es importante priorizar el sueño. Fija una hora para irte a la cama, luego haz todo lo posible para acostarte a esa hora cada noche.

3. Si necesitas modificar tus horas de sueño, trata de no hacerlo todo de una sola vez, porque puede desequilibrar tu horario. En cambio, es mejor hacer pequeños ajustes incrementales de una o dos horas para que gradualmente te adaptes a una nueva rutina.

4. Se cree que las siestas son una buena manera de recargar energías durante el día, pero pueden interrumpir el sueño por la noche. Si necesitas tomar una siesta, intenta que sea relativamente corta y limitada a las primeras horas de la tarde.

Seguir una rutina nocturna

Una rutina nocturna puede mejorar nuestra higiene de sueño. Es importante seguirla para poder dormir lo mejor posible.

1. Seguir la misma rutina todas las noches, como ponerse el pijama y cepillarse los dientes a una hora determinada, te acostumbrará a irte a la cama pronto.

2. Relajarse treinta minutos antes de ir a la cama puede tranquilizarte y relajarte. Música suave, hacer estiramientos, leer algo ligero y realizar ejercicios de relajación ayudarán a prepararte para un buen sueño.

3. Evita tener una habitación muy iluminada, ya que puede dificultar la producción de melatonina, una hormona que el cuerpo crea para facilitar el sueño.

4. Trata de crear un período de 30 a 60 minutos sin dispositivos electrónicos cada noche antes de acostarte. Se sabe que estos dispositivos estimulan la mente, también, generan una luz azul que puede afectar la producción de melatonina.

5. En lugar de concentrarte en conciliar el sueño, suele ser más productivo concentrarse en relajarse. Las técnicas de

relajación como la meditación u otras técnicas de relajación física nos ayudan a tener un sueño óptimo.

6. Debes promover una conexión mental saludable entre estar en la cama y dormir. Por lo tanto, si después de 20 minutos no te has dormido, levántate y estírate, lee algo ligero o haz otra cosa que te resulte relajante mientras hay poca luz.

Cultivar hábitos diarios saludables

Hay rutinas positivas que puedes intentar seguir durante el día que mejorarán tu ritmo circadiano y reducirán las interrupciones del sueño.

1. La luz del día, especialmente la luz solar directa, es uno de los factores clave de nuestros ritmos circadianos, por lo tanto, evitarla mientras se duerme creará un sueño de calidad.

2. Hacer ejercicio también facilitará nuestro sueño, especialmente el ejercicio al aire libre bajo la luz del sol. Además, tiene otros beneficios para la salud.

3. No fumar o, al menos, dejar de fumar ayuda, ya que la nicotina puede alterar la calidad del sueño. Se ha observado

científicamente que fumar causa muchas dificultades para dormir.

4. El alcohol puede facilitar el sueño, pero el efecto desaparece después de unas horas y luego lo interrumpe a medida que avanza la noche. Para mejorar la calidad del sueño, lo mejor es moderar el consumo de alcohol y evitarlo a última hora de la noche.

5. Se recomienda reducir el consumo de cafeína por la tarde y por la noche. Puede mantenerte activo, incluso cuando quieres descansar.

6. Si se come tarde, especialmente una comida copiosa, pesada o picante, el cuerpo seguirá digiriendo la comida cuando llegue la hora de acostarse. Lo mejor es no comer al menos tres horas antes de irse a la cama.

Trata de construir un vínculo entre estar en la cama y dormir. Lo mejor es usar la cama solo para dormir.

Optimizar el dormitorio

Crear un entorno tranquilo en el dormitorio puede ser muy importante para mantener una buena higiene del sueño. Existen varias formas de crear un entorno tranquilo y libre de interrupciones:

1. Un colchón cómodo y una almohada cómoda son cruciales para dormir bien y sin dolor. También es importante tener sábanas y mantas de buena calidad.

2. La temperatura del dormitorio ayuda a dormir, siendo preferible temperaturas más frescas.

3. Usar cortinas pesadas, persianas efectivas o una máscara para los ojos para evitar que la luz interrumpa tu sueño es, en mi opinión, esencial para un sueño de calidad.

4. Puedes usar tapones para los oídos, una máquina de ruido blanco o incluso un ventilador para eliminar los sonidos molestos.

5. Los aromas calmantes también son importantes. Los olores suaves y dulces como la lavanda pueden tranquilizarte.

15

Estrategias de afrontamiento

El duelo es una experiencia muy personal y única, sin embargo, tiene ciertos rasgos los cuales son compartidos por muchos dolientes. Por ejemplo, los altibajos del duelo. Este capítulo te proporcionará algunas estrategias útiles para afrontarlo.

Los sentimientos y pensamientos de dolor no deben reprimirse, ya que si se reprimen, aumentarán el estrés que genera el duelo. Por esta razón, es importante hablar sobre la pérdida. Si expresamos nuestro dolor, como cuando se llora, podemos calmar nuestra tristeza y ansiedad.

Para una verdadera recuperación es crucial afrontar el duelo de forma activa. El dolor que nos inflige tiene que salir para que empecemos a procesar nuestra pérdida y aprender a vivir con ella.

Cuando tus amigos y familiares te pregunten cómo pueden ayudarte, diles que lo único que necesitan hacer es apoyarte y escucharte. Es de suma importancia que puedas expresar tus pensamientos y sentimientos sin que te juzguen.

Si puedes, intenta ampliar tu círculo social, o invita a comer a algún amigo o familiar. Pero, evita hablar con personas que no comprendan tu situación.

Llorar también es importante. Además, necesitarás una manera para expresar los sentimientos reprimidos, así que llora si lo necesitas, porque elimina las hormonas del estrés y las toxinas del cuerpo. Se ha demostrado clínicamente que llorar es una forma natural y saludable de reducir el estrés emocional en todos los seres humanos, independientemente de su sexo. Así que, si alguna vez tienes ganas de llorar, hazlo y deja salir las emociones reprimidas.

El duelo no es una enfermedad, aunque, puede compararse, en muchos sentidos, a la superación de una, o a la recuperación de una herida. El tiempo permite que las heridas se sanen. Con el tiempo, nos recuperamos de una enfermedad. No podemos apurar el proceso de sanación, pero, podemos ayudarlo.

Dado que tu recuperación puede durar algún tiempo, no te precipites en intentar cumplir con compromisos previos, ya que la gente lo entenderá.

No obstante, es importante que no tomes una actitud pasiva al afrontarlo. En varios estudios se ha observado que las personas que no intentaron mejorar su estado de ánimo (hablando con los demás sobre sus sentimientos o siguiendo hábitos de vida más saludables) eran más propensos a seguir sintiéndose tristes.

A continuación, te mostraré unas estrategias para ayudarte a afrontar la pérdida.

Unirse a un grupo de apoyo

A algunas personas les resulta muy provechoso unirse a un grupo de apoyo en el que pueden compartir sus experiencias y sentimientos con otras personas que han pasado por algo similar. Estos grupos pueden proporcionar consuelo y apoyo, lo cual puede ser una forma muy eficaz de favorecer la curación.

Autoayuda

Se ha demostrado que leer sobre el duelo puede ser útil y terapéutico. Puede ser difícil entender qué le está ocurriendo a tu mente y a tu cuerpo, especialmente si no te ha ocurrido antes. La biblioterapia (usar la lectura como recurso terapéutico) puede ser de gran ayuda al proporcionar información, apoyo y orientación.

Expresa tus sentimientos

Es importante que expreses tus sentimientos si lo necesitas, ya que reprimir tus sentimientos puede tener sus consecuencias. Hay ciertas dolencias que ocurren como resultado de no expresar emociones y sentimientos, por ejemplo, úlceras, dolores de barriga, hipertensión o incluso infartos. Por lo tanto, es importante hablar con personas de confianza que no te juzgarán sobre cómo te sientes.

Escribe un diario

A algunas personas en duelo les resulta terapéutico escribir un diario. Además, puedes seguir tu progreso mediante un diario de tus pensamientos y sentimientos.

Así mismo, mejora la salud emocional y física. En un estudio realizado por la Universidad de Cambridge, se observó que la narrativa expresiva causa efectos menos traumáticos en quienes están sufriendo situaciones dolorosas.

Otras formas de expresión

Hay muchas formas de expresarnos, por ejemplo, pintar, escribir cuentos o poesía, bailar, caminar, correr, trabajar, hacer cursos, cocinar, hacer deporte, ir al gimnasio, asistir a conciertos, hacer yoga, practicar artes marciales, etc. Sin embargo, es importante no exagerar, ya que cansarse demasiado puede hacer que retrocedamos y comencemos a sentirnos abrumados.

Autocuidado

Es fundamental comer bien, preferiblemente alimentos livianos y saludables, también hacer ejercicio con frecuencia. Lo importante es asegurarnos de que estamos respirando correctamente y eliminando adrenalina.

Otra cosa que necesitamos es la luz solar, al menos diez minutos cada día si es posible. Cuando la luz del sol toca nuestros párpados, cambia nuestra bioquímica y ayuda a evitar que la tristeza se convierta en depresión.

Igualmente, los cambios en nuestra vida son importantes, como cambios sencillos diarios, semanales o mensuales que no nos dejen caer en una rutina aburrida. El cambio puede ser tan sencillo como encontrar una nueva ruta para ir al trabajo o a la escuela, para que no te traiga recuerdos dolorosos.

Autocomplacencia

Disfruta de un masaje relajante. Compra algo nuevo para deleitar tus sentidos. Encuentra algo hermoso, estimulante, intrigante o relajante que puedas observar, prueba un nuevo perfume, jabón o champú. Ve una película o una serie de televisión, escucha música relajante, intenta cocinar o comer algo diferente o toca algo suave.

No tienes que esperar hasta que estés de humor para hacer estas cosas, hazlas y te darás cuenta que el placer de hacer algo nuevo volverá.

La autocomplacencia no tiene por qué ser costosa ni un proceso lento, todo lo que necesitas es un simple recordatorio de que eres importante.

Apetito

El apetito de la mayoría de las personas disminuye en los primeros días del duelo, hasta tus gustos pueden cambiar. Es mejor comer ligeramente antes que intentar comer una comida completa. Por ejemplo, comer fruta, frutos secos, yogur, sopa y ensalada. Una cápsula con vitaminas suele ser una buena idea, hasta que vuelva tu apetito.

Escribir correos electrónicos, cartas, etc.

No dejes que te obliguen a escribir cartas o un diario si no quieres hacerlo. Escribir solo ayuda si es algo que quieres empezar a hacer. Puede ser muy útil cuando no puedes dormir y los amigos no están disponibles. En estos momentos puedes redactar tus pensamientos y sentimientos en un diario, una carta o un correo electrónico a un amigo o familiar, ya sea de forma física o digital. Tus preocupaciones, inquietudes y las listas de tareas también pueden redactarse en papel o de forma virtual. Exteriorizar nuestros pensamientos nos quita una gran carga de encima, y más en un momento tan difícil.

El arte de la distracción

A menudo en las terapias de duelo se habla mucho sobre "el arte de la distracción". Cada vez que sintamos un dolor emocional, puede ser muy útil entender su origen, identificar sus desencadenantes y expresar lo que sentimos y, a continuación, distraernos con otra cosa hasta que recuperemos una respiración normal. Lo mejor es elegir una actividad que habitualmente nos produzca placer, algo que desvíe nuestra atención de nuestro mundo interno al externo. Nos deja olvidarnos por un momento del dolor que estábamos sintiendo. Identificar y expresar este dolor, seguido rápidamente de una distracción, es la mejor manera de evitarlo.

Terapias de duelo

La pregunta que muchos dolientes se hacen es: "¿Necesito acudir a una terapia de duelo?".

A menudo se piensa que hay que estar en muy mal estado antes de acudir a una terapia de duelo, algo similar a no llamar al médico a no ser que tus síntomas sean insoportables o muy preocupantes. Sin embargo, no hay que tener un nivel mínimo de intensidad en tus síntomas para poder acudir a una terapia.

Puede ser útil asistir a una terapia, incluso si te sientes "bien", ya que te ayuda a explorar tus experiencias en un entorno de apoyo, confidencial y sin prejuicios. El profesional a cargo de la terapia puede proporcionar lo que se llama psicoeducación (una explicación de los procesos psicológicos del duelo, básicamente, lo que te está pasando) y te proporcionará estrategias y recursos para afrontar el duelo.

A menudo aparecen otros problemas cuando se reprime el duelo debido a un trauma o porque el doliente tiene poco apoyo. Muchas personas y familias que acuden a una terapia presentan problemas que parecen no tener nada que ver con el duelo, pero, muchas veces la causa es una pérdida no procesada. Por ejemplo, he hecho terapias a muchas personas que tenían una adicción a las drogas y al alcohol, que ocurrieron por la pérdida, años antes, de alguien cercano.

De igual manera, cuando se tratan los trastornos de ansiedad y/o la depresión, no es raro descubrir que tenían su origen en una pérdida pasada. Estas pérdidas pueden arrastrarse sin ser reconocidas, pero son profundamente sentidas durante años.

Las terapias con un profesional deben tener siempre el objetivo de permitir a los dolientes curarse a sí mismos. La idea es desarrollar las habilidades necesarias para ayudar a sobrellevar el dolor. No es una forma de dependencia, es un auto-empoderamiento que nos dota de las habilidades necesarias para afrontar el duelo nosotros mismos. Cualquier tratamiento terapéutico debe tener la posibilidad de autoaplicarse, tener resultados rápidos y ser fácil de utilizar sin la guía de un profesional.

Mantenerse activo

Intenta mantenerte activo todo lo que puedas. Practicar cualquier actividad física tiene muchos beneficios. Se puede montar en bicicleta, caminar, ir al gimnasio, jugar al golf, ir de senderismo... Pero, también se pueden hacer actividades como la jardinería, la pesca o cualquier afición al aire libre.

Recuerda a tus seres queridos

Los cumpleaños, los aniversarios y otras ocasiones que te recuerdan a tu ser querido pueden ser muy dolorosas. Habla con tu familia y amigos sobre cómo te sientes en estas fechas especiales, ya que pueden sugerirte algo. Intenta introducir nuevas tradiciones o nuevos rituales para marcar ciertas ocasiones especiales.

Puedes elaborar un álbum de fotos, ya sea un álbum físico o un álbum digitalizado que pueda guardarse en un almacenamiento seguro en la nube, o ambos. También es normal plantar un árbol o comprar o construir un banco en memoria de tu ser querido.

Si era patrocinador de una causa, una fundación o una organización benéfica, entonces podrías pensar en continuar con el patrocinio de alguna manera, para honrar su memoria.

Exprésate de manera creativa

Escribir en un blog puede ser una forma maravillosa de expresarte de manera creativa.

Escribir una carta o un correo electrónico, así nunca lo envíes, puede ser increíblemente terapéutico y permite expresar tus emociones.

Otras formas de expresarte de forma creativa son: dibujar o pintar, hacer velas, papiroflexia, tallar madera, hacer joyas, tejer, hornear y muchas más. Una búsqueda en Internet revelará rápidamente innumerables formas creativas que te ayudarán a relajarte y a aumentar tu sensación de control.

Lo más importante de todo es evitar el uso de sustancias nocivas para adormecer o anestesiar tus sentimientos.

Tratar de suprimir tus sentimientos con alcohol, medicamentos o drogas ilícitas sólo te mantendrá en un estado de depresión durante mucho más tiempo. De una forma u otra, tendrás que aceptar la pérdida.

Cuida de tu salud física

Aparte de comer sano y hacer ejercicio con regularidad, dormir bien es de suma importancia.

El duelo consume una enorme cantidad de energía tanto física como emocional. Es increíblemente agotador y afecta a todo nuestro sistema nervioso. Hacer ejercicio, descansar, tener una alimentación sana y tener un sueño de calidad son esenciales.

Si tienes dificultades con el apetito, intenta comer porciones más pequeñas de alimentos saludables con mucha fibra en lugar de comidas pesadas. Evita los alimentos procesados, ya que pueden hacer que te vuelvas irritable y sufras fatiga y cambios de humor.

Si te resulta difícil conciliar el sueño, intenta tener pequeñas siestas o trata de relajarte escuchando música con los ojos cerrados. Hay cientos de grabaciones de hipnosis para dormir disponibles en Internet que pueden ayudarte a dormir bien. Incluso si lo necesitas, un hipnoterapeuta profesional puede crearte una grabación personalizada.

Asimismo, un masaje puede ayudarte a relajarte, tanto físicamente como mentalmente, también ayuda a reducir la presión arterial.

Si te está resultando más difícil afrontar el duelo, busca ayuda profesional, ya que un terapeuta puede proporcionar herramientas y técnicas que te ayudarán a aceptar la pérdida. Los especialistas en duelo pueden ofrecer un espacio seguro y confidencial para explorar, hablar y dar sentido a tus sentimientos.

Las terapias de duelo no tienen que ser a largo plazo, ya que por lo general las personas se dan cuenta de que pueden sobrellevar el dolor tras unas pocas sesiones. Además, tu médico puede recomendarte un terapeuta especializado.

16

Acomodando la pérdida

Con el tiempo, tu capacidad de pensar claramente y lógicamente volverá gradualmente. Surgirán nuevas rutinas y será posible que hagas planes para el futuro. Ten en cuenta que el futuro puede ser simplemente la próxima semana, pero el simple hecho de poder reconocer que hay un futuro es un gran paso. A menudo hay problemas prácticos que abordar como gestionar las finanzas, pagar las facturas o realizar las tareas domésticas.

Puedes tener poca energía y estar de mal humor por un tiempo, además, puedes tener dificultad para retener información. La pérdida de memoria es muy común, muchas personas pueden tener dificultades para leer libros durante el primer año del duelo. Los niños a menudo tienen dificultad para concentrarse en la escuela. En algún momento, generalmente al comenzar el segundo año, empezarás a sentir que hay un orden en tu vida, después de todo el caos inicial, pero, si no es así, deberías buscar ayuda profesional.

Seguir hablando con los amigos y la familia es muy importante. Haz actividades con ellos e intenta divertirte un poco. Poco a poco irán surgiendo pequeñas sensaciones de placer, aunque sean de corta duración. Pero, en algunos momentos, puedes sentirte culpable por lo ocurrido.

Puedes decir o pensar lo siguiente: "¿Cómo puedo reírme si no está aquí?", "¿Al hacer esto, ya no me importa su pérdida?", "¿Esto significa que ya no lo amo tanto como pensaba?" o "¡Qué egoísta de mi parte!". Es posible que desees volver a sentir un dolor intenso para asegurarte que sigues amando a la persona que has perdido. Si este es el caso, vuelve a leer la parte de este libro sobre la culpa y cómo afrontarla.

Es posible que el duelo y tu sensación de pérdida nunca disminuyan, pero tu vida, con el tiempo, crecerá a su alrededor. Tu duelo siempre estará ahí, a veces serás muy consciente de su presencia, mientras que otras veces apenas lo notarás, pero siempre formará parte de tu vida.

Con el tiempo, tendrás nuevas experiencias, probarás cosas nuevas, conocerás gente nueva, visitarás lugares nuevos y empezarás a encontrar algunos momentos para disfrutar. Estos momentos probablemente, poco a poco, se volverán más frecuentes, y el dolor que sentiste ya no será tan fuerte como al principio.

La idea de olvidar a nuestros seres queridos es una de las partes más problemáticas del duelo. Es perfectamente normal seguir recordando a la persona que hemos perdido, de la misma manera, es normal que el duelo siga formando parte de nuestra vida. Las personas que no han pasado por este proceso piensan que tiene una conclusión, pero, los que hemos perdido a alguien sabemos que no hay una etapa final para nuestros sentimientos.

Alguien puede decirte: "Me alegro que ahora te sientas mejor", como si estuvieras superando un resfriado, o incluso te puede decir: "Creo que nunca has superado la pérdida de tu ser amado". Frases como estas implican que llegará un momento en el cual el duelo se acaba, si no es así, nos dirán que no hemos hecho algo correctamente. Sin embargo, no hay un fin, seguimos adelante con nuestras vidas, con nuestros seres queridos en nuestro corazón, jamás olvidándonos de ellos.

17

¿Qué ocurre si no hay mejoría?

Superar una pérdida no es un proceso que sigue un patrón lineal, por lo tanto, no se sabe cuando terminará. El momento y el orden del proceso de recuperación serán diferentes para cada doliente.

Todo dependerá de tu capacidad de:

1. Aceptar y procesar la realidad de la pérdida.

2. Permitirte sentir el dolor.

3. Aprender a sobrellevar la realidad de la pérdida y sus consecuencias.

4. Hacer planes para el futuro y desarrollar nuevas relaciones y amistades.

La mayoría de las personas se adaptan después de 6 a 12 meses. Gradualmente, la intensidad de sus sentimientos disminuye y les resulta posible obtener una perspectiva de lo sucedido. A partir de este momento comienzan a continuar con su vida.

El duelo pasa de ser una tristeza profunda a una forma integrada en la que la tristeza y el anhelo se vuelven más tenues.

A modo de resumen, no superas la pérdida, aprendes a vivir con ella a medida que tu vida crece a su alrededor. Los dolientes esperan que el duelo reduzca su intensidad con el tiempo, mientras que, en realidad, el impacto de la pérdida y nuestro apego con nuestro ser querido siguen siendo los mismos. El duelo no desaparece, pero nuestras vidas se expanden a su alrededor a medida que tenemos nuevas experiencias, conocemos gente nueva y comenzamos a encontrar momentos de placer. Lentamente, estos momentos se vuelven más frecuentes, a medida que nuestra vida crece en torno a nuestro duelo. El dolor no desaparece, pero ya no domina tu vida como antes.

No obstante, para algunas personas el sentimiento de pérdida persiste o incluso se intensifica y no hay mejoría.

Es posible sentir después de un período largo de tiempo:

1. Anhelo persistente por la persona fallecida.

2. Vacío existencial (sentir que la vida no tiene sentido).

3. Dificultad continua para aceptar la pérdida.

4. Ira.

5. Dificultad para emprender nuevas actividades o retomar las rutinas cotidianas.

Si esto ocurre, es posible que tengas un duelo complicado o un trastorno de duelo prolongado.

Alrededor del 10% de las personas en duelo tendrán un duelo complicado, también conocido como trastorno de duelo complejo persistente. Si te sientes atascado y sospechas que no podrás retomar tu vida, busca ayuda profesional lo antes posible. Ya que las dolorosas emociones implicadas pueden ser tan duraderas y graves que te puede resultar difícil recuperarte de la pérdida y retomar tu vida.

El aspecto más preocupante del trastorno de duelo prolongado es que el 4% de las personas que lo padecen acaban quitándose la vida. La investigación médica ha encontrado que el tratamiento psicológico dirigido y centrado en el trauma es extremadamente útil, en particular la terapia cognitiva conductual, la desensibilización y reprocesamiento por movimientos oculares y la terapia de exposición. También hay 2 medicamentos que recomiendan muchos médicos: la paroxetina y la sertralina, ambos se usan para tratar el TEPT (trastorno de estrés postraumático) en adultos.

Tanto la paroxetina como la sertralina son un tipo de antidepresivos conocidos como inhibidores selectivos de la recaptación de serotonina (ISRS).

Junto con los medicamentos, o sin ellos, los tratamientos psicológicos específicos y centrados en el trauma pueden ayudarte a recuperar el control de tu vida:

1. Enseñándote habilidades para manejar tus síntomas.

2. Ayudándote a tener pensamientos más positivos.

3. Mostrándote formas de manejar los síntomas si vuelven a aparecer.

4. Curando otros problemas de salud que suelen estar relacionados con las experiencias traumáticas, como la depresión, la ansiedad o el consumo de alcohol o drogas.

No tienes que intentar manejar solo la carga de un duelo complicado o un trastorno de duelo prolongado, existen medicamentos y terapias que pueden ayudar inmensamente. El enfoque de las terapias suele consistir en volver a hablar sobre la persona fallecida, trabajar las emociones que surgen y desarrollar estrategias de afrontamiento.

Lo más importante del duelo es no dejar que paralice tu vida y tampoco dejar que te impida volver a vivir y encontrar paz. Es importante dar estos pasos para afrontarlo y poder volver a encontrar la felicidad.

18

Criterios para el diagnóstico de un episodio depresivo mayor

Como profesional de la salud mental, es mi deber describir los síntomas que pueden acompañar al duelo, que consideraría de gran interés profesional. A mi juicio, uno de los aspectos más preocupantes del duelo, es la posibilidad de que se convierta en una depresión clínica. A continuación, hay una especie de prueba corta que se debería hacer periódicamente para ayudar a determinar si debes buscar ayuda profesional.

Debe ser motivo de gran preocupación si cinco (o más) de los siguientes síntomas han estado presentes durante un período de dos semanas y si representan un cambio en tu funcionamiento.

Al menos un síntoma es:

(a) Estado de ánimo depresivo.

(b) Pérdida de interés o placer.

1. Estado de ánimo depresivo la mayor parte del día, casi todos los días. Puede que te hayas dado cuenta de esto tu solo, por ejemplo, te sientes triste o vacío, o puede que sea una observación hecha por otras personas, por ejemplo, te ven triste. En los niños y adolescentes, puede ser un estado de ánimo irritable.

2. Un interés o placer notablemente reducido en todas, o casi todas, las actividades la mayor parte del día, casi todos los días (puede que te des cuenta o que sea una observación hecha por otras personas).

3. Gran pérdida de peso cuando no se está a régimen o gran aumento de peso (por ejemplo, un cambio de más del 5 % del peso corporal en un mes) o disminución o aumento del

apetito casi todos los días. Nota: En los niños, no llegar a ganar el peso esperado.

4. Insomnio o hipersomnia (sueño diurno excesivo) casi todos los días.

5. Agitación o retraso psicomotor casi todos los días (observable por otros, no solo sentimientos de inquietud o ralentización).

El retraso psicomotor incluye habla lenta, disminución del movimiento y deterioro de la función cognitiva (problemas para recordar, tomar decisiones o concentrarse).

La agitación psicomotora incluye movimientos que parecen que se hacen sin razón, como caminar de un lado al otro de la habitación, dar golpes con los dedos de las manos o de los pies o hablar rápidamente.

6. Fatiga o pérdida de energía.

7. Sentimientos de inutilidad o culpa excesiva o inapropiada casi todos los días (no simplemente autorreproche o culparse a uno mismo por estar enfermo).

8. Disminución de la capacidad para pensar o concentrarse, o indecisión (ya sea por observación propia o externa).

9. Pensamientos recurrentes de muerte (no solo el miedo a morir), ideación suicida recurrente sin un plan específico, o intento de suicidio o un plan específico para suicidarse. La mayoría de las veces, pensando, "¿es esto de lo que se trata la vida?".

Si descubres que tienes cinco o más de estos síntomas y uno de ellos es tener un estado de ánimo deprimido o pérdida de interés o placer, entonces es muy importante que consultes a un médico y consideres buscar ayuda profesional. La depresión clínica es diferente a sentirse mal por la pérdida de un ser querido. La depresión clínica rara vez retrocede por sí sola y puede tener graves consecuencias a largo plazo.

19

Cómo ayudar a otra persona en duelo

Hemos analizado algunas de las manifestaciones más comunes del duelo, el proceso de duelo y las diversas estrategias disponibles para ayudar con la recuperación, pero ¿qué sucede si conocemos a otra persona en duelo?

Las herramientas y técnicas que vimos anteriormente también se pueden usar para apoyar a un familiar o amigo.

En lugar de estar preocupado por qué decir o hacer por alguien que está en duelo, puedes brindarle tu tiempo y apoyo. Escuchar en lugar de hablar puede ser de gran ayuda. Trata de escucharle de manera atenta, compasiva y empática.

Nunca intentes obligar a alguien a que hable si no se siente cómodo haciéndolo, pero hazle saber que estás allí para escucharle. Descubrirás que se beneficiará inmensamente con el simple hecho de que se reconozca su pérdida.

Simplemente pregúntale:

1. ¿Tiene ganas de hablar?

2. Dime en qué te puedo ayudar.

Si la otra persona no quiere hablar, puede ser suficiente simplemente sentarse en silencio y apretarle la mano o darle un abrazo.

Ten en cuenta que algunas declaraciones pueden ser inútiles, así que evita decir cosas como:

1. Debes seguir con tu vida.

2. Él o ella está en un lugar mejor.

3. Es el destino o la voluntad de Dios.

Ofrécele ayuda práctica, ya que le puede ser difícil pedir ayuda. Puedes ofrecer apoyo práctico, como ayudar con las gestiones del funeral, hacer las compras u otros mandados, colaborar con las tareas domésticas o con el cuidado de los niños o acompañarle a algún lugar.

En lugar de simplemente preguntar qué puedes hacer por ellos, podrías ser más específico y decir: "Voy a ir de compras más tarde; ¿quieres que te traiga algo?".

Bríndale un apoyo continuo.

Dado que el duelo es diferente para cada persona y que algunos dolientes se recuperan más rápido que otros, sería prudente tener en cuenta que tu amigo o familiar puede necesitar tu apoyo durante mucho tiempo.

Mantente en contacto con ellos, envíale un mensaje o una tarjeta para que sepan que estás pensando en ellos.

Se sabe que recibir tarjetas o mensajes puede ayudar a una persona que está de mal humor. Debes darle el tiempo que necesita para procesar la pérdida, ya que la recuperación puede durar algunos meses o, incluso, años. Siempre intenta estar disponible para brindarle tu apoyo, los buenos amigos y familiares están en las buenas y en las malas.

Ten cuidado con el duelo complicado

Anteriormente hemos analizado qué ocurre si el duelo no mejora tras un período largo de tiempo. Si crees que esto le está ocurriendo a la persona que estás apoyando, entonces puede ser una señal de que está sufriendo de un trastorno de duelo prolongado o un duelo complicado.

Es posible que necesite ayuda profesional, especialmente si tiene malos hábitos, como el abuso de alcohol o drogas o hablar sobre la muerte o el suicidio.

Trata de encontrar a un especialista en duelo. Procura siempre acompañarle para asegurarte de que asista a la cita. Es importante buscar ayuda profesional lo más rápido posible, ya que si no se hace pronto, el duelo complicado puede ser la causa de otros problemas de salud que pueden cambiarle la vida, como la depresión clínica. Hasta puede terminar quitándose la vida.

20

El duelo en la era digital

Legados digitales

Internet, particularmente las redes sociales, han cambiado por completo la sociedad. Nuestro proceso de duelo también se ha visto afectado. Ahora tiene una complejidad añadida, no solo hay que tener en cuenta un legado digital, sino también el manejo de cuentas, suscripciones e información en línea.

Obtener acceso a las cuentas bancarias, eliminar otras cuentas en línea, cerrar suscripciones y gestionar o eliminar cuentas de redes sociales, por lo general, es un proceso lento. El mundo digital es algo nuevo en nuestras vidas y está expandiéndose rápidamente, pero puede ser bastante confuso. Cada plataforma tiene sus propias normas. Cada país tiene distinta legislación en cuanto al tratamiento de los contenidos en línea después de la muerte. Otra complicación es el miedo a perder datos importantes como correos electrónicos, mensajes de texto, fotografías digitales o vídeos. La familia puede disponer de copias de seguridad y almacenamiento en la nube para preservar su preciada herencia digital. En teoría, los legados digitales no difieren de legados físicos, aunque es posible que el fallecido no sea el propietario legal de algunos de los archivos digitales.

Para que conozcas la cantidad de plataformas, voy a enumerar algunas: existen redes sociales como Facebook, Twitter, Instagram y LinkedIn, plataformas para compartir videos como YouTube, Dailymotion y Vimeo, plataformas de aprendizaje virtuales como Edmodo, comunidades en línea como foros, mundos virtuales, sitios creativos para música como Bandcamp, banca digital, cuentas de correo electrónico, cuentas de compras como Amazon y muchas más. Algunos de los contenidos pueden estar protegidos por derechos de autor y seguir siendo propiedad del fallecido, pero eso no asegura automáticamente que haya derechos de herencia. Algunos de los contenidos son propiedad del proveedor de servicios. Para heredar los derechos posiblemente requerirá varios documentos para demostrar la muerte y que el fallecido era el propietario de dicho contenido digital.

Las plataformas más grandes cuentan con departamentos dedicados para solucionar estos problemas, mientras que las más nuevas pueden estar aún desarrollando y normalizando sus procedimientos. Con el tiempo, habrá nueva legislación en esta materia, pero mientras tanto hay que reconocer lo complicado que puede ser lidiar con estos problemas.

Si no te sientes capaz de manejar las complejidades que implica la gestión de los legados digitales, lo mejor que puedes hacer es pedir ayuda a un amigo o familiar experto en tecnología. También es mejor anticiparse a que este proceso puede causar algunas emociones fuertes. Muchos aspectos de nuestra vida, como nuestros recuerdos más preciados, esperanzas y sueños, están almacenados en Internet. Puede ser muy difícil tener que gestionar todo lo que dejó atrás nuestro ser querido.

La jerarquía del duelo

La "jerarquía" de los dolientes puede que no esté tan clara en internet. La familia, los "dolientes principales", por lo general sienten que deben tener el control total de los mensajes en línea. Sin embargo, otras personas pueden publicar mensajes sin el permiso de la familia. Las señales sociales, por ejemplo, son claras cuando interactuamos en los funerales: los familiares más cercanos al difunto se sientan delante y los que tenían una relación menos cercana se sientan o se colocan por detrás. En el mundo digital, estas señales no son tan obvias.

Etiquetar

Las redes sociales son un poderoso medio de difusión y de expresión pública de emociones. Sin embargo, los familiares pueden sentirse fácilmente ofendidos por publicaciones con las que no están de acuerdo. Cuando no exista una página web específica para recordar al difunto, los mensajes privados pueden ser más apropiados para expresar nuestro pésame.

Etiquetar a la persona fallecida en los mensajes puede aparecer en los *feeds* de la familia y los amigos, algo que puede causar angustia para los familiares. La generación más joven puede no tener conciencia de estos problemas como las generaciones anteriores.

Sitios conmemorativos en línea

Antes de Internet, las conmemoraciones se limitaban a objetos físicos, como lápidas y monumentos. Sin embargo, hoy en día incluyen páginas web o perfiles en las redes sociales. Hay muchas plataformas en todo el mundo que permiten a los familiares crear una página conmemorativa dedicada a su ser querido. En estas nuevas plataformas cualquiera puede publicar lo que quiera, sin que la familia haya dado su consentimiento. Esto puede ser especialmente problemático en las redes sociales. Se han dado casos de padres que se han enterado de la muerte de su hijo a través de las redes sociales.

A medida que la tecnología evoluciona, la digitalización se integrará cada vez más en nuestras vidas. Esto significa que Internet será cada vez más importante en lo que respecta a la planificación del legado, la muerte, el duelo y la continuación de los lazos con el difunto. Esta es un área compleja que aún se está desarrollando y evolucionando legalmente, que puede causar confusión y estrés para los dolientes. Me temo que, en muchos casos, será necesario pensar detenidamente en esto y, tal vez, hablarlo con otros miembros de la familia y amigos cercanos.

Inmortalidad digital

Hay varias empresas que brindan servicios que pretenden proporcionar un avatar eterno de una persona. Afirman que los pensamientos y las historias de alguien se pueden preservar y perpetuar eternamente. Dependerá de cada persona si estos servicios ayudan a sobrellevar el duelo o lo prolongan. La muerte es irreversible, el duelo y continuar los lazos con el difunto son normales por lo que la introducción de la tecnología deberá ser ética y considerada.

Apoyo en línea

Una simple búsqueda en Internet revelará rápidamente que muchas personas en todo el mundo escriben sobre sus propias experiencias y pensamientos cuando han perdido a alguien. También, se puede encontrar apoyo en foros y otras páginas de este estilo. Algunas de estas experiencias y pensamientos pueden ser útiles, pero se debe tener cuidado de no comparar tu duelo con el de otras personas, debido a que cada experiencia de duelo es única. Muchas personas dan consejos que pueden aplicarse a ellos personalmente o a otras personas que conocen, pero, no significa que estos consejos sean útiles en tu caso.

21

Los beneficios de la escritura terapéutica

Escribir un diario de duelo es un método muy eficaz de afrontar el duelo. Por un lado, te ofrece una forma sencilla de afrontarlo que solo requiere un bolígrafo y un papel (o un ordenador o una tableta). Por otro lado, llevar un diario de duelo tiene muchos beneficios psicológicos y físicos.

Sin embargo, esta es una actividad infrautilizada. Muchas personas que les gustaría escribir un diario no lo hacen porque no saben cómo hacerlo o están muy ocupados.

Comprometerse con una actividad que hay que realizar frecuentemente puede ser difícil, ya sea escribir, hacer ejercicio, meditar, estudiar, etc.

Estas rutinas requieren motivación, energía y dedicación, que, por lo general, faltan cuando se está de duelo. Además, escribir sobre vivencias dolorosas puede ser una actividad abrumadora.

Sin embargo, la escritura tiene un valor terapéutico evidente.Aunque, puede ser un reto integrar esta práctica en tu vida diaria. Así que, para ayudarte a integrarla, vas a ver por qué puede ser tan beneficiosa y por qué merece la pena dedicarle tiempo y esfuerzo.

Escribir sobre las emociones ayuda a curar las heridas emocionales

Escribir sobre el duelo te ayudará a analizar tus recuerdos y vivencias relacionadas con la pérdida, en lugar de evitarlas. En este caso, cuando hablamos de evitación, solemos referirnos a lo que se denomina evitación experiencial. La evitación experiencial es el intento de bloquear, reducir o cambiar pensamientos, emociones o sensaciones corporales desagradables.

Las personas que están en duelo suelen afrontar recuerdos traumáticos y experimentar emociones dolorosas. Por estas razones, no es de extrañar que muchas personas decidan evitar los desencadenantes relacionados con la pérdida: personas, lugares y cosas, en un intento de lograr una apariencia de "normalidad".

La evitación puede ser útil si solamente se hace pocas veces, ya que te da un descanso del dolor. Pero, si evitas frecuentemente recuerdos o emociones, con el tiempo, pueden surgir problemas de salud. Los recuerdos y las emociones dolorosas no suelen desaparecer por sí solos. Por lo tanto, si los evitas de forma continuada, no desaparecerán con el tiempo, y nunca aprenderás a afrontarlos.

Hasta es posible que haya ciertos recuerdos y emociones que nunca van a desaparecer. Por tal razón, es importante aprender a funcionar de forma saludable aún teniendo dichos recuerdos y emociones.

Los beneficios de escribir un diario para la salud física

En una investigación científica llevada a cabo por James W. Pennebaker y Joshua M. Smyth, se ha descubierto que escribir sobre vivencias difíciles y traumáticas, ayuda a "liberarlas". Observaron que sus participantes experimentaron cambios en su estilo de escritura, en su voz y en su ritmo al expresar detalles intensos sobre sus experiencias difíciles o traumáticas.

Pero, además, cuando investigaron las implicaciones fisiológicas, descubrieron algo muy interesante. Cuando los participantes escribían sobre su dolor o trauma, sus respuestas físicas al estrés (procesos como el ritmo cardíaco y la presión sanguínea) aumentaron considerablemente, pero, cuando midieron sus respuestas al estrés después de que los participantes terminaran de escribir, observaron que habían bajado a niveles más bajos, incluso a niveles más bajos que cuando comenzaron el estudio.

Estos resultados se han reproducido en otros estudios de seguimiento. En otro estudio se crearon dos grupos de pacientes que habían sufrido un ataque cardíaco: el primer grupo escribió sobre sus pensamientos y sentimientos sobre el ataque cardíaco y el segundo escribió sobre otros temas.

El primer grupo requirió una dosis más baja de los medicamentos que estaban tomando, tuvo menos síntomas cardíacos y una presión arterial diastólica más baja que el segundo grupo, y continuó de esta manera durante los siguientes cinco meses.

En otro estudio se trabajó con personas con asma o artritis reumatoide que se dividieron en dos grupos. Al primer grupo se le pidió que escribiera sobre la vivencia más traumática de su vida y al segundo grupo que escribiera sobre algo neutral y benigno. Los resultados fueron bastante sorprendentes. En el primer grupo, los participantes que tenían asma presentaron mejoras evidentes en su función pulmonar y los que tenían artritis mostraron mejoras significativas en la salud de sus articulaciones, mientras que los participantes del segundo grupo no experimentaron estos beneficios.

El aspecto más interesante de estos estudios fueron las mejoras tan evidentes. Las personas que participaron en estos estudios científicos, mostraron mejoras funcionales similares a las de tomar un medicamento nuevo. Estudios como estos se han repetido con personas que padecen otras enfermedades, y han tenido resultados similares.

Los beneficios de escribir un diario para la salud psicológica

En otras investigaciones también se ha observado que la escritura terapéutica mejora la salud psicológica. Por ejemplo, se ha comprobado que reduce los síntomas de la depresión y la ansiedad.

Llevar un diario mejora la calidad del sueño

El duelo suele afectar el sueño. Por ejemplo, algunos dolientes duermen demasiado, otros sienten que duermen muy poco y otros se quedan despiertos por la noche mirando al techo pensando sobre lo ocurrido.

Las investigaciones han descubierto que escribir o hablar sobre las preocupaciones, inquietudes u otros pensamientos negativos antes de irse a la cama, puede ayudar a manejar este tipo de pensamientos, ayudar a los dolientes a conciliar el sueño y mejorar la calidad de su sueño. También, mejora el funcionamiento general del cuerpo.

La escritura y el proceso de duelo

Escribir puede ayudarte en el proceso de duelo y en la sanación de heridas emocionales. Esto se debe a que la escritura te permite:

1. Expresar tus emociones de una manera sana y productiva.

2. Procesar tus pensamientos.

3. Examinar el impacto físico del dolor en tu cuerpo.

4. Manifestar y procesar tus preguntas y dudas espirituales en un entorno seguro.

5. Exteriorizar tus frustraciones de manera honesta.

6. Analizar y trabajar tus pensamientos y temores sobre el futuro.

Además, escribir puede convertirse en un hábito poderoso, que te ayuda a afrontar las complicaciones de la vida.

Por último, te puede dar esperanza, en un periodo tan desesperanzador.

Escribir sobre las emociones que genera el duelo

En este apartado vamos a analizar cómo las emociones más comunes que genera el duelo nos afectan, y luego se plantean algunas preguntas de reflexión, para que puedas escribir sobre dichas emociones.

Las emociones abrumadoras

Después de una pérdida, solemos experimentar emociones poderosas. Pueden ser tan intensas que empiezan a dominar nuestras vidas y rutinas.

Estas emociones se abaten sobre nosotros como las olas del mar. Algunas olas son más pequeñas y nos golpean con menos fuerza. Mientras que otras son más grandes y nos golpean con bastante fuerza.

En nuestro mundo cotidiano, nuestro estado de ánimo es muy importante. Cómo nos sentimos en el momento presente tiende a determinar lo que hacemos y cómo. Tras una pérdida, las emociones se sienten con más fuerza. Además, las personas afligidas suelen sentirse agotadas emocionalmente.

Pregunta de reflexión

En una hoja de papel, en un diario o en tu teléfono, tableta u ordenador, haz una lista de los sentimientos y emociones que has experimentado. Entre todos los sentimientos y emociones que has anotado, ¿cuáles han sido han sido los más complicados de sobrellevar?

La tristeza

La tristeza es la emoción más común en el duelo. Has sufrido una pérdida muy íntima, es normal sentirse triste.

Puede sentirse como un dolor punzante en el corazón o puede sentirse como un dolor constante. Por esta razón es muy importante procesar esta emoción.

Preguntas de reflexión

1. ¿Cómo describirías tu tristeza?

2. Piensa en algunos de los momentos en los que te has sentido triste desde que ocurrió la pérdida. Luego, describe algunos de estos momentos.

La añoranza

A medida que pasa el tiempo, añoramos la compañía de nuestro ser querido. Queremos volver al pasado.

Siempre hay algo que nos recuerda a nuestro ser amado. Expresar los anhelos que tienes es saludable y sanador. Deja que tu corazón hable.

Preguntas de reflexión

1. Cuando piensas sobre la pérdida, ¿qué anhelas volver a tener?

2. Cuando piensas en lo que anhelas, ¿qué es lo que recuerdas?

3. Escoge un recuerdo importante, después descríbelo. No lo evalúes ni lo cambies. Solamente tienes que describirlo. Deja que tu corazón hable.

El miedo

Inmediatamente después de una pérdida, entramos en un estado de conmoción. Estamos aturdidos. A medida que pasa el tiempo nos preguntamos qué va a ocurrir tras este hecho tan impactante. Hasta puedes sentir impotencia.

Somos conscientes de que cualquier cosa puede ocurrir en cualquier momento. Aquí es cuando el miedo empieza a surgir.

El miedo puede ser una emoción poderosa. A veces, puede abrumarnos y apoderarse de nuestras vidas. Esta emoción puede convertirse en el motivador invisible de nuestros pensamientos y decisiones.

Suele formar parte del proceso de duelo. Como tal, necesita ser reconocido, identificado y expresado. Expresar lo que ocurre en nuestro interior nos ayuda a procesarlo y liberarlo con el tiempo.

Pregunta de reflexión

1. Haz una lista de tus temores, ¿cuáles son los que más te perturban?

La ansiedad

Cuando sufrimos una pérdida, experimentamos ansiedad. Nuestra vida ha cambiado. Este hecho es impactante y desconcertante.

Muchas personas afligidas sufren ataques de ansiedad o de pánico.

Controlar la ansiedad generada por el duelo puede ser un reto. La clave es recordar que no estamos solos. La ansiedad es natural y extremadamente común para quienes están en duelo.

Respirar profundamente es una sencilla habilidad que puede ayudarnos a controlar la ansiedad. Si quieres saber más, puedes consultar el capítulo sobre esta actividad tan beneficiosa.

Preguntas de reflexión

1. ¿Qué te hace sentir ansioso? Haz una lista.

2. Cuando te sientes ansioso, ¿qué tiendes a hacer después? ¿Cómo manejas esta ansiedad?

La ira

La ira es una emoción poderosa. Vemos sus efectos negativos en el mundo y en nuestro propio pasado. También, muchas personas quieren saber cómo manejarla.

La ira es simplemente una emoción. Como tal, es neutral. Sin embargo, la forma en que manejamos y expresamos nuestra ira puede ser positiva y sanadora o negativa y dañina.

Esta emoción adopta muchas formas. Por ejemplo, se puede manifestar como angustia, frustración, impaciencia, irritabilidad, silencio, depresión, hábitos insalubres y adicciones.

Estamos programados para amar y ser amados. Cuando un ser querido muere o desaparece, nos sentimos profundamente tristes. Aunque sabemos que la muerte y la separación ocurren, pero, por lo general, esto no nos ha ocurrido antes.

Para poder manejar la ira, el primer paso es reconocerla. Encontrar formas saludables de expresarla será importante en tu proceso de duelo.

Preguntas de reflexión

1. ¿Cuándo sueles enfadarte?

2. ¿Cómo sueles expresar tu enfado?

El entumecimiento emocional

El duelo puede agotarnos emocionalmente. Al igual que un circuito eléctrico, nuestros corazones pueden sobrecargarse, y nuestros sentimientos pueden apagarse temporalmente.

La mayoría de las personas afligidas experimentan una sensación de entumecimiento de vez en cuando. Esto es natural e incluso saludable. Aunque este sentimiento puede ser molesto e incómodo, puede protegernos. Necesitamos descansar de la intensidad del dolor.

Al igual que con otros aspectos del duelo, reconocer lo que ocurre en nuestro interior es el primer paso para procesarlo.

Preguntas de reflexión

1. Si te has sentido entumecido anteriormente, describe cómo fue sentirte de esta manera.

2. Cuando te sientes entumecido, ¿qué sueles hacer?

3. ¿Cómo esta emoción afecta tu vida y tu rutina?

La depresión

La carga emocional del duelo puede ser pesada. Experimentamos una amplia variedad de emociones. A veces, puede que no sintamos nada. Otras veces nos damos cuenta que nuestro mundo ha cambiado. Incluso sentimos que nosotros mismos estamos cambiando. No queremos vivir en esta nueva realidad. Todo esto puede ser deprimente.

La mayoría de los dolientes experimentan depresión en su viaje de duelo. En la mayoría de los casos, esta depresión es temporal.

¿Cómo sabes si estás deprimido? Estos son algunos de los signos típicos de depresión temporal que pueden experimentar las personas en duelo:

Una sensación continua de tristeza

Llantos frecuentes

Falta de concentración

Falta de motivación

Pérdida de placer

Retirarse de las actividades habituales o normales

Soledad y aislamiento social

Desesperanza

La depresión temporal puede aparecer y desaparecer a lo largo del proceso de duelo. Es fundamental expresarla y procesarla.

Preguntas de reflexión

1. Si te has sentido deprimido desde la pérdida, describe cómo fue sentirte de esta manera.

2. Si estás deprimido, ¿qué crees que te puede ayudar a afrontar la depresión?

Conclusión

La pérdida es muy dolorosa. El duelo es desafiante y agotador. Procesar el dolor interior y exteriorizarlo es la clave para la recuperación, la adaptación, la sanación y el crecimiento.

En este capítulo, has recorrido algunos aspectos del proceso de duelo. Has expresado lo que estás sintiendo en tu interior y has abordado algunas cuestiones difíciles.

El trabajo que has realizado es importante. Tu corazón, mente, cuerpo y alma se han beneficiado. Cada paso hacia la curación es un paso adelante.

Para ayudarte a sobrellevar el duelo, puedes descargar un diario de duelo de forma gratuita en mi sitio web (**www. afrontandolaperdida.com**). Está disponible en la página de inicio y aparece al final de este libro en la página de recursos disponibles para los dolientes. El diario gratuito te ayudará a afrontar el duelo cada día.

También, puedes ver los diarios de duelo que he publicado en Amazon, los cuales te ayudarán a sobrellevar el duelo. Puedes encontrar el enlace para ellos en la última página de este libro titulada: "Más recursos".

Por último, recuerda lo siguiente:

Sé amable contigo mismo.

Sé paciente contigo mismo.

Sigue escribiendo.

Haz de la escritura un hábito diario.

Sigue expresando lo que sientes por dentro. Sigue dando a tu corazón vías para desahogarse.

Mientras viajas por este camino, acéptate tal y como eres en este momento.

Acepta a los demás tal y como son. Acércate a las personas que te ayudan y te apoyan.

Cuida y nutre tu corazón.

Repite los ejercicios de escritura una y otra vez. Descarga el diario gratuito y úsalo. Te alentará ver cómo sanas y creces.

22

Los beneficios de la respiración profunda

La respiración profunda es una habilidad bastante útil, la cual puede ayudarte a procesar el duelo. Quienes lo practican con regularidad han descubierto que es extremadamente útil para manejar los pensamientos y las emociones cambiantes que produce este proceso.

Consiste en inhalar profundamente por la nariz y luego exhalar por la boca. Esto activa el sistema nervioso parasimpático y genera un efecto calmante.

Respira profundamente y lentamente durante al menos un par de minutos. Concéntrate en tu respiración y cierra los ojos si es necesario.

Intenta practicar la respiración profunda al menos dos veces al día, una vez por la mañana y otra por la noche. Al practicar esta habilidad, estás entrenando a tu mente y a tu cuerpo a reaccionar ante los intensos momentos de dolor que experimentarás en el futuro. Si practicas esta actividad frecuentemente, con el tiempo, se convertirá en un hábito que harás a diario y te resultará más fácil practicarlo.

En resumen, esta sencilla habilidad puede ser muy beneficiosa, y cualquier persona puede hacerla, en cualquier momento y en cualquier lugar.

Conclusión

No hay ninguna forma correcta o incorrecta de afrontar el duelo, aunque, algunos pensamientos y acciones pueden ser más útiles que otros. Además, hay muchas formas de acelerar el proceso de "curación".

Mantener una sólida red de apoyo social, realizar actividades físicas, crear nuevas rutinas, dedicarse a pasatiempos creativos, ser compasivo, asistir a grupos de apoyo y acudir a un especialista en duelo puede ayudar a combatir los síntomas emocionales y físicos del duelo.

Pueden haber momentos en los que sintamos que hemos avanzado, pero, algo nos hace recordar a la persona que hemos perdido, por ejemplo, una canción o un lugar concreto. En ese momento, volvemos a sentir dolor y tristeza.

Seguramente nuestro ser amado no hubiera querido que estuviéramos el resto de nuestra vida lamentándonos. Habría querido que dejáramos de lado el dolor y volviéramos a encontrar la felicidad.

Es importante recalcar la necesidad de expresar todo lo que sintamos y no limitarnos a las necesidades y expectativas de los demás. Todos necesitamos un apoyo compasivo y sin prejuicios, también, necesitamos el tiempo que sea necesario para reconstruir nuestra vida.

Gracias por comprar este libro, espero que te haya resultado útil durante este momento tan profundamente angustioso.

Por favor deja una reseña, ya que me gustaría escuchar tus comentarios y opiniones.

Gracias por leer este libro

Muchísimas gracias por haber leído este libro. Espero que te haya servido durante este momento tan doloroso.

Por favor comparte este libro con tus amigos y tus redes sociales si crees que puede ayudar a otras personas a afrontar el duelo por la pérdida de un ser querido.

Además, agradecería cualquier valoración o reseña que quieras dejar.

Si necesitas ponerte en contacto conmigo puedes mandarme un correo electrónico o puedes visitar mi página web (**https://www.afrontandolaperdida.com**).

Correo electrónico: **santiago@afrontandolaperdida.c
om**

Más recursos

Si quieres saber más sobre futuros lanzamientos, puedes suscribirte de forma gratuita a mi boletín, en el cual recibirás artículos y extractos de libros antes de que se publiquen. El boletín es gratuito.

También puedes descargar un libro gratuito, que te ayudará a sobrellevar el duelo. Asimismo, puedes descargar un diario de duelo. Puedes hacer todo esto en la página web: **https://www.afrontandolaperdida.com**

Por último, si necesitas ponerte en contacto conmigo, puedes hacerlo desde la misma página web o a través del siguiente correo:

Correo electrónico: **santiago@afrontandolaperdida.com**